# FAMILLE MAYNARD

TIRÉ A 150 EXEMPLAIRES.

# RECHERCHES

# HISTORIQUES

SUR UNE

# FAMILLE POITEVINE

(MAYNARD-MESNARD)

FONTENAY-LE-COMTE

ROBUCHON, IMPRIMEUR-LIBRAIRE

1857

MAYNARD :

*D'argent fretté d'azur.*

Nous avons pensé que les annales d'une famille poitevine de noblesse d'arrière-fief pourraient présenter quelque intérêt aux personnes de notre province qui s'occupent d'études historiques, surtout en y ajoutant un certain nombre de notes sur la plupart des maisons avec lesquelles celle dont il est ici question a été en contact. C'est ce qui nous a engagé à publier cette étude. Nous la ferons précéder de quelques considérations générales sur la manière dont la féodalité s'établit en Poitou,

empruntées à un travail manuscrit sur le Talmondais, qui nous a été communiqué par un de nos
compatriotes.

Pour établir la filiation suivante, tout témoi-
gnage douteux a été soigneusement écarté ; des
documents d'une irrécusable authenticité ont seuls
été mis en œuvre. Les sources étant d'ailleurs indi-
quées à chaque page, il est facile de contrôler
nos assertions.

**HENRY DE LA CITARDIÈRE.**

Talmond, 15 octobre 1856.

# I

Pour bien comprendre le mécanisme des institutions qui furent en vigueur pendant le moyen âge, et régirent, en se modifiant selon les époques, la société française depuis le x$^e$ siècle jusqu'à la Révolution de 1789, il est indispensable d'entrer dans quelques détails sur leur formation et sur leurs causes premières.

Sous les rois Mérovingiens, comme au temps de la période gallo-romaine, il y avait peu de lieux fortifiés. A part les villes de premier et second ordre, capitales des provinces, et quelques *castra*, dont les murailles ne remontaient encore, pour la plupart, qu'aux temps des invasions barbares, les points habités, villes rurales, bourgades ou simples villages, étaient sans défense. Cet état de choses continua sous les premiers Carlovingiens. C'est ce qui explique le peu de résistance qu'éprouvèrent les Normands en portant le ravage et l'incendie à travers le royaume franc, épouvantable cataclysme qui eut pour résultat de modifier profondément les traditions du passé au double point de vue administratif et stratégique, et de produire un ordre social plus en rapport avec les besoins nouveaux.

La mort de Charlemagne avait décidé du sort de son empire éphémère. Après ce grand homme, son œuvre vécut encore quelques années d'un reste de vie factice, soutenue par le prestige attaché au souvenir de son fondateur ; mais elle ne tarda pas à entrer en dislocation et à se briser en morceaux. Sentant le pouvoir vaciller entre ses mains, Louis le Débonnaire chercha vainement à le consolider. Les moyens qu'il employa hâtèrent, au contraire, la ruine de l'empire, et ses enfants complétèrent l'œuvre de destruction par leurs rivalités jalouses.

Convaincus alors de leur impuissance à conjurer les périls dont ils étaient environnés, et que les excursions des Normands augmentaient encore, les Carlovingiens employèrent leurs dernières ressources à se créer des partisans, qu'ils rendirent leurs plus dangereux ennemis, en se dépouillant pour eux de leur patrimoine et de leurs priviléges. Ils furent amenés ainsi à subir le sort des rois de la race de Mérovée, et leur appauvrissement graduel et bientôt complet contribua plus que tout le reste à faire tomber la couronne de leur tête.

Le pouvoir central ébranlé et n'offrant plus de garanties efficaces de protection, la société fut obligée de faire un appel au sentiment individuel ou local, et de chercher dans l'association un moyen de sauvegarde. La force privée dut suppléer à l'absence ou à l'insuffisance de la force publique. L'aristocratie franque, réduite depuis Charles Martel, à un rôle secondaire, vit enfin arriver son heure, et l'organisation sociale, connue sous le nom de féodalité, et dont on a si diversement expliqué l'origine, fut, comme l'a très bien démontré Lehüerou, le jeu simple et naturel des coutumes d'après lesquelles la famille germanique s'était gouvernée, de temps immémorial, de l'autre côté du Rhin.

Les grands officiers du royaume, chargés de représenter le souverain dans les provinces, profitèrent de l'oscillation des esprits et suivirent l'exemple donné par Charles-le-Chauve au plaid de Mersen-sur-Meuse (847), où fut proclamé le principe d'hérédité de la couronne et celui du droit qu'avait tout homme libre de choisir son seigneur ; ils furent les premiers à favoriser, soit le mouvement de répulsion des peuples pour les Carlovingiens, soit les rivalités d'intérêts et de races. Les commandements des provinces, des cités et des bourgs tendirent à devenir héréditaires ; les ducs et les comtes firent des apanages de famille des gouvernements qui leur avaient été confiés et des droits qui y étaient attachés ; les évêques les imitèrent dans les cités qui n'avaient pas de délégués de l'autorité royale ou partagèrent avec eux. Le capitulaire de Kiersy (877) légitima ces usurpations. Ainsi s'effectua la transformation des offices en propriétés privées ; la fonction et le domaine, c'est-à-dire la souveraineté, furent assurés à la descendance des titulaires. Ce qui se passa pour les charges du premier ordre fut étendu à celles d'un ordre inférieur.

De là il advint que l'homme n'eut de valeur qu'en raison de la terre qu'il possédait.

La pensée civilisatrice de Charlemagne, ses luttes prodigieuses pour reconstituer la monarchie universelle, aboutirent à faire de lui le premier régulateur de la féodalité, et son action se trouva, en définitive, avoir produit un résultat diamétralement contraire à celui qu'il s'était proposé. Seulement, grâce à l'éclat dont il avait environné la couronne, elle resta la clef de voûte du régime nouveau. Ce passage du monde ancien unitaire et centralisé à une société de mutuellisme ne s'effectua pas en un jour. Ce fut l'œuvre du Xe siècle, œuvre douloureuse, mais féconde, qui prépara le monde moderne, tout en y faisant souvent obstacle.

On conçoit quelles modifications un pareil état de choses, une fois organisé, dut apporter dans les conditions respectives des individus, et par contrecoup des lieux habités. Cherchant un appui, les petits possesseurs de terres, trop faibles pour pourvoir eux-mêmes à leur sûreté, se mirent sous la protection de ceux qui étaient dans de meilleures situations de défense. Il arriva dès lors que la clientelle des grands propriétaires fut en proportion directe de l'escarpement du roc sur lequel était bâti leur château et de la force de leurs murailles. Celui qui se trouva possesseur d'un ancien *castrum* devint le protecteur naturel, et par conséquent le seigneur suzerain de tous ses voisins. Ce fut l'origine des mouvances. Il en fut de même de ceux qui furent assez riches ou assez favorisés par la nature des lieux pour être en mesure de construire une tour à l'abri d'un coup de main. Il y eut une reconnaissance générale des points escarpés et faciles à défendre. Le royaume se hérissa de forteresses. Chaque centre de population fut pourvu d'un donjon plus ou moins fort, et les grandes fermes isolées, demeures des propriétaires campagnards, furent entourées de quelques moyens de résistance. Elles passèrent à l'état de gentilhommières ou manoirs. Des églises mêmes, ces maisons de paix et de prières, furent crénelées et flanquées de tourelles [1]. Tel fut le mode de formation de cet immense réseau, parfois inextricable, fondé, ainsi que nous l'avons dit plus haut, sur un principe d'assurance mutuelle et réciproque, qui, de degrés en degrés, allait de la plus humble cabane à cette tour du palais de la cité parisienne, centre primitif de la féodalité. La terre et l'épée lui servirent de bases.

L'élément militaire devait, on le conçoit sans peine, tenir le premier rang à une époque où la guerre était à l'état

[1] La coutume de fortifier les églises, pour servir de lieux de refuge, se perpétua pendant au moins quatre cents ans. Le plus curieux monument de ce genre, existant aujourd'hui dans l'ouest, est l'église d'Enandes, près de la Rochelle. — V. *Revue des Provinces de l'Ouest* de 1855-1856, p. 222, l'ordre donné, pendant la guerre des Anglais, de mettre l'église de Saint-Philbert-de-Pont-Charrault en état de défense, afin que les habitants pussent s'y retirer avec leurs bestiaux et leurs meubles.

permanent. Fut noble tout possesseur du sol que son devoir
de vasselage obligeait à monter à cheval revêtu de ses armes.
D'un autre côté, et par une conséquence rigoureuse et
forcée, le domaine conférait le droit de justice, chaque
seigneur fut maître absolu chez lui. Les individus, soumis
au patronage de la force, se trouvèrent donc partagés en
deux classes : les vassaux tenant la terre moyennant le service militaire ; les colons à condition de redevances, cens ou
corvées. Les premiers firent de droit partie de l'aristocratie ;
les seconds furent *roturiers* ou *sujets* et parfois moins
encore [1].

Cet état social était le seul praticable alors, la société
étant plutôt campée qu'assise. Il était loin d'être parfait ;
mais si l'on a égard à la barbarie des temps, au défaut absolu de centralisation, à la dissémination infinie des forces,
on reconnaît que son avènement para à des difficultés impossibles peut être à conjurer autrement. « Dans le chaos
du monde barbare avait germé un idéal politique grossier
qui s'épanouit dans la féodalité. »

Passons maintenant des généralités aux faits particuliers.
En Poitou, la transition s'accomplit dans les conditions ordinaires. Les comtes rendirent leur gouvernement hérédi-
taire pendant la seconde moitié du IXe siècle ; les vicomtes
(dont les résidences formaient un cercle défensif et étaient
toutes sur les marches de la province), et les détenteurs
d'offices d'ordre inférieur suivirent cet exemple, et, dès
le premier tiers du Xe siècle, la féodalité se trouva à peu
près régulièrement organisée.

Dans ce partage du territoire poitevin, une portion du
sol, démembrement de l'ancien *pagus* d'Herbauge, à la-

[1] Le nombre des vassaux, de l'un et de l'autre ordre, augmenta plus
tard, dans une foule de fiefs, au moyen des concessions de terres à
titres divers faites par les seigneurs.

quelle le Lay, l'Yon, la rivière de Jaunay et l'Océan, servaient à peu près de limites [1], releva du prince ou sire de Talmond, propriétaire d'une tour très forte, bâtie sans doute sur un ancien campement d'origine gauloise, occupé ensuite par les Romains, puis destiné à préserver la contrée des incessantes attaques des Normands, et qui avait acquis une grande importance de cette succession d'appropriations diverses.

Cette prépondérance était néanmoins relativement récente ; car trois autres points semblent avoir primé Talmond, antérieurement à la seconde moitié du Xe siècle : Jart, dans lequel nous serions tenté de retrouver le *Portus Secor* des vieux géographes, et qui fut évidemment le centre d'un petit *pagus ;* Bram, aujourd'hui Saint-Nicolas-de-Brem, qualifié *oppidum* dans les vieilles chartes, et chef-lieu d'une viguerie qu'il partagea avec la nouvelle capitale ; le Bernard, où résida d'abord, à ce que l'on pense, le doyen qui alla plus tard se réfugier derrière les murs du château de Talmond. D'autre part il paraîtrait que, dans le principe, la tour de Curzon, sans contrebalancer cette prééminence féodale, eut pourtant juridiction sur toute la partie sud-est du pays. C'est ce que nous apprend le chartrier du prieuré des Fontaines, où l'on voit qu'au XIe siècle, lorsque les plaids avaient lieu, il y avait des convocations particulières pour les pairs ou barons *(proceres vel barones)* de l'une et de l'autre chatellenie, ce qui impliquait une sorte d'individualité administrative, absorbée bientôt, à la suite d'un mariage ou autrement, par les princes talmondais. On remarque en outre, avec l'aide du même chartrier, que Curzon était alors la résidence

---

[1] Ces limites étaient aussi celles du doyenné, ce qui implique là, comme ailleurs, une sorte de corrélation entre les divisions civiles et les divisions ecclésiastiques.

d'un archiprêtre, auquel les moines du prieuré en question étaient autorisés à aller demander les saintes huiles, sans être obligés de faire le voyage de Poitiers, siège de l'évêque diocésain. Les vestiges gaulois et gallo-romains [1], jonchant le sol de ces bourgs, révèlent, d'ailleurs, leur antique importance, amoindrie à mesure que leurs positions respectives répondirent de moins en moins aux nécessités nouvelles. Les deux premiers surtout ont dû indubitablement leur ruine aux pirates, placés qu'ils étaient immédiatement sur les bords de la mer, tandis que les ports de Talmond et de Curzon, un peu plus enfoncés dans les terres, étaient d'un accès moins facile, et pouvaient être aisément défendus. Le Port-Juré, actuellement Port-Givré, près Saint-Jean-d'Orbestier, qui était déjà comblé à la fin du XIIe siècle, eut un sort semblable.

Les princes de Talmond avaient pour suzerains immédiats les comtes de Poitou. Ils rendirent par conséquent d'abord aveu à la tour de Maubergeon; mais quand Alphonse, frère de saint Louis, eût été investi du comté, ce prince fit relever leurs successeurs de Fontenay, qu'il choisit pour chef-lieu du Bas-Poitou, parce qu'il était le seul château important de cette portion de la province demeuré dans le domaine privé de l'apanagiste.

Leur titre de prince, qui n'avait pas de rang proprement dit dans la hiérarchie féodale, équivalait à celui de *sire* ou seigneur; mais l'étendue de leur mouvance leur assignait cependant une place élevée parmi les principaux barons du Poitou.

Le premier d'entre eux, dont le nom figure dans les documents écrits, est Guillaume-le-Vieux, qui rebâtit la grosse

[1] Les archéologues connaissent l'énorme trésor enfoui à la fin du règne de Postume, qui a été découvert au mois d'août 1856, dans les ruines d'une villa située près du Veillon. — V. dans la *Revue des Provinces de l'Ouest*, 1856—1857, un rapport sur cette découverte.

tour. On pense qu'il était d'une famille originaire de la
Pérate, aux environs de Parthenay, d'où certains généalogistes, sans critique, ont pris prétexte pour le rattacher
au fabuleux faisceau qu'ils se sont efforcés de former de
tous les grands feudataires de la province au XIᵉ siècle. A
l'extinction de la race de Guillaume, à laquelle la maison
de Lézay avait momentanément succédé, Talmond passa
aux Mauléon. Par suite de circonstances particulières, le
fameux Richard-Cœur-de-Lion en devint possesseur à la
fin du XIIᵉ siècle, et y séjourna même quelques temps; puis,
au bout de peu d'années, la seigneurie sortit des mains de
la maison d'Angleterre pour être restituée, en 1199, aux
Mauléon, qui la conservèrent jusqu'à la mort du dernier
d'entre eux. Dans le partage intervenu alors entre les
vicomtes de Rochechouard et ceux de Thouars, héritiers
des Mauléon par les femmes, les derniers l'eurent en partage. Vinrent successivement ensuite les d'Amboise, l'illustre
historien Philippe de Commynes et les La Trémouille. Lorsque la Révolution éclata, Antoine-Philippe de La Trémouille
prenait le titre de prince de Talmond. Tout le monde sait
qu'il fut l'un des chefs de l'insurrection vendéenne et qu'il
périt sur l'échafaud à Laval.

Le Talmondais cessa d'avoir un seigneur particulier aussitôt après l'extinction de la famille de ses premiers princes.
On comprend combien il dut perdre à ce changement de
condition. De fief militaire, commandé par son propriétaire, il descendit insensiblement à l'état de ferme ou métairie exploitée par un régisseur. Les barons gagnèrent
seuls à un état favorable à leurs velléités d'indépendance.

Immédiatement au-dessous des princes de Talmond se
trouvaient ces barons, détenteurs des principaux arrières-
fiefs de la contrée, et qui étaient leurs commensaux habituels et composaient la cour de justice présidée par eux,
par le comte de Poitou, quand il se trouvait accidentelle-

ment sur les lieux, ou par un de ses délégués. Ils étaient
peu nombreux. Puis venait la classe des petits propriétaires,
noblesse du dernier ordre, répandue dans les bourgs et les
campagnes, et ne sortant de ses manoirs rustiques que
pour prendre la lance et l'épée à la place de la charrue,
ou pour se livrer aux plaisirs de la chasse. Enfin, au plus
bas de l'échelle sociale, était la masse innomée des serfs
et des colons partiaires attachée aux domaines de l'aristocratie et du clergé.

Il en était ainsi dans tout le reste du royaume, à part
la population des villes qui avait conservé, en général,
quelques vieux restes des traditions de liberté des muni-
cipes romains [1].


## II


Nous ne nous occuperons pas ici de la classe des bannerets, dont il ne reste peut-être pas aujourd'hui, dans
la France entière, une cinquantaine de représentants d'une
origine incontestable remontant au XIe siècle. Elle a été
trop souvent le sujet de travaux divers pour qu'il soit utile
d'y revenir. Nous porterons au contraire nos investigations
sur une famille issue de la petite noblesse de ces temps reculés, qui, pour être moins clairsemée que celle des bannerets,
est cependant de nos jours tout-à-fait exceptionnelle. De ce
réservoir commun sortit l'immense majorité des maisons
arrivées, pendant le cours du moyen-âge, aux plus hautes
destinées. Cette étude ne sera peut-être pas, ainsi que nous
l'avons déjà dit, sans intérêt pour ceux qui se livrent à des

[1] Toute cette première partie a été extraite des notes manuscrites de
M. Benjamin Fillon, ainsi qu'une portion des éléments du paragraphe
suivant.

recherches sur la formation des diverses couches de la société poitevine.

Le nom de Mainard, porté par la famille qui va faire le sujet de cette notice, commence à apparaître au XIe siècle dans les chartes du Talmondais. Les cartulaires des abbayes de Sainte-Croix de Talmond et de Boisgrolland, et celui du prieuré des Fontaines en font plusieurs fois mention à partir de cette époque. Il est d'abord purement personnel et non transmissible; puis, aussitôt que la coutume d'avoir des surnoms permanents devient générale en Poitou, comme partout ailleurs, c'est-à-dire de 1080 à 1120, on voit une famille de condition militaire se l'approprier, et s'en servir toujours depuis, suivant en cela l'habitude adoptée par beaucoup de membres de la noblesse de la province de conserver leurs noms patronimiques, sans y ajouter ceux de quelques terres. Les maisons les plus haut placées dans la hiérarchie féodale, comme celles d'un ordre inférieur, ne s'écartèrent pas de cette règle. Les Maingot, vicomtes de Surgères, les Chabot, sires de Retz, s'y conformèrent aussi bien que les Rouhault, les Gouffier, les Ysoré, les Chasteigner, les Le Mastin, les Achard, les Frottier, les Goulard, les Jousseaume, les Buor, les Girard, les Catus, les Boutou, les Mauclerc, &c. Les Maynard firent de même. Ce ne fut qu'à dater des XVe et XVIe siècles, et surtout du règne de Louis XIII, que la substitution des noms de fiefs fut plus fréquente dans nos contrées, sans cependant que cette innovation eut l'assentiment de tous.

Plusieurs écrivains ont cru possible de reconnaître, à la seule inspection des noms, l'origine des familles, et distinguer ainsi la race à laquelle appartenaient les premiers individus qui les ont portés. Ces distinctions sont tout-à-fait illusoires, le choix des noms ayant subi le contrecoup obligé des fluctuations politiques. Lors de l'établissement de

la féodalité, il y eut revirement presque complet; on disconti-
nua de se servir, presque exclusivement comme autrefois,
de ceux d'origine germanique [1]. Ce mouvement est très
sensible dans les chartes de l'Ouest de la France. Et puis,
on ne saurait trop le dire, à partir du $x^e$ siècle, il n'y
eut plus en Gaule de francs, de Gallo-Romains, de Bur-
gondes, de Goths, mais seulement des nobles et des non
nobles; les hommes ne se distinguèrent plus par leur na-
tion, mais par leur caste [2]. Il serait par conséquent puéril
de rechercher la filiation d'une maison féodale au-delà,
puisqu'il n'y a plus de points de repère pour le généalogiste
consciencieux. Ce serait tomber dans la fable.

Quant aux surnoms, devenus un peu plus tard noms pa-
tronymiques, ils furent tirés parfois, soit d'une qualité ou
d'un défaut physique ou moral, d'un trait de physionomie
ou de caractère : le Bel, le Brun, le Bon, le Fort, le Bègue,
le Bossu, Chenu, Quinefault, Quinement, Quinerit, Haut-
decœur; soit d'un sobriquet tantôt honorable, tantôt in-
jurieux ou ridicule (catégorie qui touche de près à la
précédente) : Quatrebarbes, Trancheloup, Pinceloup, Tran-
chelard, Tireboudin, Buffechoux, Pousserébe, Eschallard,
Houlier, Taillefer, Boutevillain, Dexlefit (Dieulefit), Pil-
loison, Mauclerc, Fier-à-Bras, Longépée, Cottelypas,
Rodier, Villon, Boilève, Appellevoisin, Réchignevoisin,
Chasteigner, Sarrazin, le Lièvre, Cochon, Goret, Vérat,
le Porc, Sanglier, Chabot, le Mastin, &c., &c.; soit encore
d'un office ou d'un métier : le Seneschal, Prévost, Baillif,
l'Archevêque, le Doyen, le Prebtre, Maréchal, Suire, le
Tourneur, le Febvre, Foulon, Blanconnier, le Musnier,
Porcher; ou bien enfin d'un nom de pays, d'habitation ou

---

[1] Une substitution semblable, mais en sens inverse, avait eu lieu
sous Charles-Martel et Pepin-le-Bref.

[2] Henri Martin, *Hist. de France*, tom. III, p. 10 (éd. de 1855).

de seigneurie : de la Trémouille, de Thouars, de Mauléon,
du Puy, du Fou, du Fouilloux, de Belleville, Normand,
Bourgoing, d'Artois, Burdigale, de Vienne, de Villiers, de
Niort. Quelques-uns sont relativement modernes ; mais nous
avons cru devoir les citer pour rendre la démonstration plus
saisissante. Néanmoins il est une autre série qui eut aussi sa
large part dans les dénominations prises ou reçues d'abord
par les familles. C'est celle des noms imposés au moment
du baptême. Combien s'appelèrent Achard, Adam, Allard,
Amaury, Artur, Artaud, Aubry, Arnauld, Ascelin, Aude-
bert, Béranger, Bernard, Bermond, Bernon, Bertrand,
David, Durand, Eudes, Fouschier, Guillaume, Herbert,
Hérauld, Hildebrand, Jourdain, Joussaume, Jacques, Martin, Maynard, Maurice, Morin, Odart, Odry, Pierre,
Raoul, Robert, Thibauld, Urvoyx ou Yrvoix, &c., &c.
Le temps et les circonstances apportèrent des modifications
à ce premier choix. C'est dans cette catégorie qu'on trouve
le plus de souvenirs germaniques, sans qu'on puisse néanmoins en tirer le moindre indice sérieux sur la race de
ceux qui s'en sont servi.

Tous les noms précédents furent indistinctement portés
par des nobles ou des roturiers, car le peuple des villes
imita la noblesse sans que, pour lui, la coutume d'avoir
des noms propres soit devenue générale avant la fin du
XIIIe siècle. Dans les campagnes, il fallut près de deux
cents ans encore pour que les paysans eussent les leurs.

# III

Les premiers Mainard, que nous trouvions mentionnés
dans les chartiers du Talmondais, sont Mainard, fils de Durand Grimou, et Pierre fils de Mainard, entre lesquels nous
ne chercherons pas à établir les liens de parenté. L'un,

peu de temps après la fondation de Sainte-Croix, qui eut
lieu en 1046, donna à cette abbaye, avec le consentement
de ses frères, de Ramnulfe de Bouille, son seigneur, du fils et
de la femme de celui-ci, la moitié de l'église de Saint-Julien
(*des Landes?*)[1] ; l'autre fut présent, vers 1050, en qualité
de témoin, à la fondation du prieuré des Fontaines par
Guillaume-le-Jeune, prince de Talmond[2]. Six ans après, il
assistait à la rédaction de l'acte passé à l'occasion de diverses
libéralités faites par le même seigneur à l'abbaye de Sainte-
Croix[3]. Un autre Mainard, qualifié *famulus* de Pépin II, neveu de Guillaume-le-Jeune, est cité dans trois chartes du
prieuré des Fontaines, rédigées de 1090 à 1095[4]. Au moment de la mort de sa fille, il donna à Sainte-Croix, pour sa
sépulture, une sextrée de terre près la Martinière[5].

Vers le même temps, nous rencontrons pareillement
Gausbert Mainard servant de témoin à Pierre II de Bouille,
petit-fils de Ramnulfe, dans la concession d'une pêcherie
aux Fontaines[6]. Un peu plus tard, vivait Aimery Mainart,
Menart ou Menarz, possessionné dans le fief d'Aimery de
Bouille, seigneur de Poiroux, fils de Pierre. Ce personnage
se maria deux fois. Sa première femme, nommée Mahenchia,
fit don, avant de mourir, à l'abbaye de Sainte-Croix, alors
gouvernée par Guillaume de Chemillé, des vignes qu'elle
possédait en commun avec Pierre de Poiroux, et de quatre

---

[1] Cartulaire de Sainte-Croix de Talmond, déposé aux archives de la
Vendée.

[2] Charte originale conservée aux archives de la Vendée; copie du
XIIe siècle dans la collection de M. Benjamin Fillon. — Recueil de
M. P. Marchegay, p. 89.

[3] Cartulaire de Sainte-Croix.

[4] Archives de la Vendée. — Marchegay, p. 96, 98, 100.

[5] Cartulaire de Sainte-Croix, n° 64.

[6] Marchegay, p. 100.

sous de cens sur les jardins du Poiré[1]. On trouve dans le cartulaire de l'abbaye de Boisgrolland [2] deux chartres relatives à des libéralités faites par Aimery Mainart à ce monastère, à l'occasion, sans doute, de sa fondation par Aimery de Bouille.

Aimery vivait encore vers 1182, car il est au nombre de ceux qui assistèrent au don fait *in extremis*, en faveur de Boisgrolland, par Pierre de Bouille, seigneur de Poiroux, fils du fondateur [3]. Les autres témoins furent : Guillaume Cairant, Pierre Daviau, Jean de Melle, Aimery de Moric et Morice Catus, tous appartenant à la bachelerie ou noblesse du second ordre du Talmondais et feudataires du testateur, dont ils étaient les compagnons habituels. Le cartulaire de Boisgrolland mentionne, enfin, à la date de 1219, un certain Olivier Menart, dans un arrangement qui eut lieu, au sujet de marais situés à Champagné, entre l'abbaye et Bernard de Secondigny.

Ces divers documents établissent de la manière la plus positive l'existence dans le Talmondais, aux XIᵉ et XIIᵉ siècles et au commencement du XIIIᵉ, d'une famille Mainard, laquelle était établie dans le fief des de Bouille, seigneurs de Poiroux, barons influents de la contrée, qui tiraient eux-mêmes leur nom de *Bullium*, appellation gallo-romaine d'une grande ferme située dans la banlieue de Saint-Vincent-sous-Jart [4]. Ce premier jalon placé, continuons le dépouillement des titres originaux que nous avons à notre disposition.

En 1243, Geoffroy Mainart, chevalier, et Pierre, son fils, donnèrent à l'église de Longeville deux mesures de froment

---

[1] Archives de la Vendée. — Cartulaire de Sainte-Croix, nᵒ 387.

[2] Archives de la Vendée. — Marchegay, p. 249 et 255.

[3] Marchegay, p. 240.

[4] *Bullium* a laissé son nom à deux autres anciens petits manoirs, le grand et le petit Bouillac.

qu'ils avaient sur un morceau de terre située dans le fief d'Aimery de Moric [1].

L'année suivante, le même Geoffroy transigea avec les moines des Fontenelles, au sujet de la donation d'une rente de quinze sous, assise sur des marais situés près de Curson, faite par Jean Jadeau, prêtre, pour l'entretien d'une lampe dans l'église de cette abbaye [2].

Le 15 octobre 1288, Guillaume Mainart, seigneur de la Vergne, avec le consentement de Marguerite Boschet, sa femme, d'Herbert, son fils et d'Aeliz, sa fille, concéda à Aimery Martineau tout ce qu'il possédait dans la paroisse de Longeville, moyennant dix sols de redevance, payables à la Saint-Martin, un cheval et trois boisseaux d'avoine, rendables à son hôtel de la Vergne [3].

Nous ignorons, faute de documents à l'appui, s'il y avait contact entre ces Mainart et ceux dont il a été question plus haut. Mais cela paraît on ne peut plus vraisemblable, si l'on considère qu'ils habitaient, les uns et les autres, les paroisses voisines de Talmond. Nous laissons au lecteur impartial et de bonne foi à se prononcer sur ce point, appuyé seulement sur des présomptions et des preuves morales.

La période dans laquelle nous allons maintenant entrer offrira moins d'obscurité, et les documents, quoique tout aussi rares, seront, du moins, de nature à nous fournir des indications plus précises.

Herbert Mainart, fils de Guillaume, mentionné tout à l'heure dans l'extrait (de 1288) de l'inventaire des papiers de la Marzelle, ne sera plus désormais pour nous un person-

[1] Inventaire des titres de l'ancienne seigneurie de La Marzelle, paroisse de Longeville; collection de M. Benjamin Fillon.

[2] Analyse des chartes de l'abbaye des Fontenelles faite, en 1765, par Jean-François Ruchaud, fermier des biens de ce monastère (Manuscrit de la collection de M. Benjamin Fillon).

[3] Inventaire des titres de La Marzelle.

nage indéterminé. Un aveu de 1331, tiré des anciennes archives de la baronnie du Poiroux, va nous le montrer ayant succédé à son père dans son fief, et ce titre démontrera, en outre, l'identité de cette terre avec la Vergne-Cornet, paroisse de Saint-Hilaire-de-Talmond, que nous retrouvons, soixante-dix ans plus tard, entre les mains de Jehan Mainart, mari de Jehanne Ancelon.

« Ceu sont les choses que Herbert Mainart, valet, sgr de la Vergne, tient à foy et homage plein de Girard Regnaud, chevaler, à cause de son herbregement daus Granges ; c'est assavoir un fié de terragerie de terres, appelé le fié dau Gaudins, qui fuyt *Gauter Cornet*[1], et qui puyt valoir six sextrers de blé, et en denerş trois sols ou environs ; item, tient un autre fié appelé le Rivallan, qui puyt valoir ouyt sextrers de blé ; item un boiceau d'avainne et une oye ; item ventes et honors quant le cas advent ; item en deners sept sols ou environs. Daus queux chouses advoue être tenu audit Girard quant le cas advenra et sellon son leal recort. Donné soubz le seya de honourable et discret homme le deyen de Talemond, le samedi avant la Saint Jehan Baptiste l'an mil iijc trente et un. »

Herbert était peut-être père de Jehan, qui fit échange, le 3 mai 1367, avec Pierre Paris, de quelques vignes situées dans la paroisse de Longeville[2].

Ce n'est pas tout ; deux autres pièces, provenant des mêmes archives, concernent un Pierre Mainnart, chevalier, seigneur de La Benastonnière, et le rattachent d'une manière encore plus sûre aux Maynard actuels. La première est un

[1] La famille Cornet a donné pareillement son nom au manoir de la Cornetière, paroisse d'Avrillé. Le passage de ces deux fiefs chez les Mainard semble indiquer transmission par héritage, à la suite d'un mariage sans doute. Un peu plus tard, ils arrivèrent aux Ancelon et retournèrent bientôt aux Mainard.

[2] De Courcelles.

aveu rendu, en 1350, au seigneur de Poiroux. Au bas est
appendu le sceau reproduit ici, lequel est orné d'un écusson

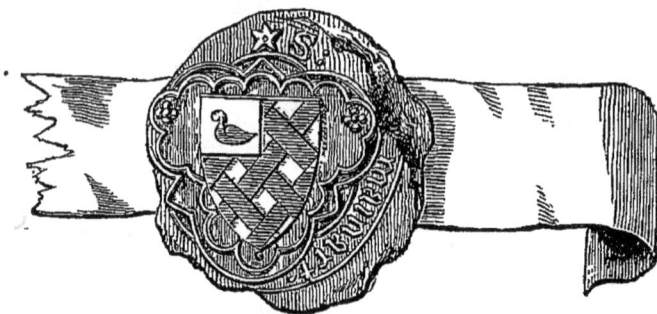

identique à celui toujours porté depuis par la famille, sauf
le canton semblant indiquer une branche cadette[1]. La seconde est une quittance donnée à propos de travaux exécutés
à la tour et au pont de Mareuil-sur-le-Lay, par ledit Pierre,
capitaine de cette forteresse, pour le duc d'Aquitaine, l'illustre Prince-Noir.

« Sachent touz que je, Pierre Mainnart, chevaler, seigr
de la Bénastounère, capitaine de la Tour de Marueil,
soubz l'obéissance de mon très redoubté seigneur le prince
d'Aquytaine et de Galles, ay quipté, et par ces présentes
quipte Guille Heaulme, recevour en ces partyes, la some

---

[1] Les armoiries ne devinrent permanentes dans les familles que de
1200 à 1250. Il en est même beaucoup dont les pièces ont varié depuis
cette époque. Antérieurement elles étaient purement arbitraires et individuelles, et rarement le fils portait celles de son père. On pourrait toutefois en citer quelques rares exemples remontant au XIIe siècle.

Sur la gravure que nous donnons, l'artiste a eu le tort d'indiquer la
nature des émaux de l'écu, ce qui n'existe pas, on doit bien le penser,
sur l'original.

de soixante escus d'or Johens, sur ce quil me doibt por la réparacion de la dite tour de Marueil et dau pont d'icelluy lieu. Douné, tesmoing, mon sceau ppre, le xiij[e] jour dau moys d'ottobre, l'an mil trois cens soixante et cincq. » Le sceau est absent [1].

Nous indiquerons encore, comme étant de la même souche, Guillaume Mainnart, chevalier, habitant la paroisse d'Avrillé, mort avant 1398. Sa femme se nommait Guyonne Gaudin, et il avait une fille, appelée Marguerite, mariée avec Nicolas Boutaud. *(Extrait des papiers de l'Aubonnière.)*

Si ces personnages sont évidemment de la famille dont nous nous occupons, il n'en est pas de même de quelques autres, cités par M. de Courcelles, dans ses *Généalogies des Pairs de France*, tels que Guillaume Mainard, nommé, en 1310, capitaine de Talmond-sur-Gironde, confondu, par cet auteur, avec le Talmond du Poitou, appartenant alors à la maison de Thouars, et sur lequel le roi d'Angleterre n'avait aucune autorité; Jehan, qui fut fait gouverneur de Brest, le 28 juillet 1352[2], et plusieurs autres individus de diverses provinces, dont les noms sont relatés dans les rôles des montres ou revues du xive siècle. Nous le répétons, nos Maynard sont originaires du Talmondais, et, c'est uniquement là qu'il faut, à cette époque, aller les chercher. L'identité des noms ne saurait être une preuve suffisante de parenté. Il en est peu d'aussi répandu que celui-ci : cent familles au moins, nobles ou plébéiennes, l'ont porté ou le portent encore dans notre seule province. L'une d'elles, dite de Toucheprest, née aux environs de Pouzauges, baronnie qu'elle a possédée plus tard, remontait également à une date très reculée. Dans l'est et le sud-est du Poitou, il y en eût aussi deux d'origine noble, figurant

[1] *Revue des Provinces de l'Ouest*, 1855—1856, p. 200.
[2] Preuves de l'Histoire de Bretagne, de Dom-Morice.

dès les XIe et XIIe siècles ; mais ni les unes ni les autres ne peuvent se rattacher à la nôtre, qui, jusqu'au XVe siècle, resta fort isolée dans son canton [1].

On tomberait dans un excès contraire si l'on s'en rapportait à l'orthographe des noms, avant le XVIIIe siècle, pour dénier la parenté entre diverses branches, et, souvent, entre divers individus issus d'une souche commune. Les titres relatifs aux Maynard présentent la plus grande variété, soit dans le corps des actes, soit dans les signatures. On a successivement ou simultanément écrit Mainard, Mainart, Menart, Menartz, Mainnart, Maignart, Mesnart, Mesnard, Maynard. La transcription la plus correcte est la première, traduction littérale de *Mainardus*. Il est arrivé maintes fois qu'un contrat, où sont intervenus plusieurs frères, porte des signatures orthographiées de deux ou trois manières différentes ; qu'on juge par là de ce que se sont permis les notaires ou les procureurs en fait de variantes. Les noms de toutes les familles, dont l'orthographe pouvait varier, sans en altérer la consonnance, ont été soumis aux mêmes fluctuations. Nous reviendrons plus loin sur ce sujet, quand nous serons rendu aux descendants de Christophe Mesnard.

# IV

Nous voilà parvenus au milieu du XIVe siècle. « La grande féodalité, battue en brèche par la royauté, par les com-

[1] Ces divers Mainards ont donné leur nom à une grande quantité de fiefs nobles ou roturiers, tels que la Mainardière, la Mainarderie, la Vergne-Mainard, la Touche-Mainard, le Fief-Mainard, le Puy-Mainard, la Roche-Mainard, Bois-Mainard, non loin de Pouzauges, où est né Joachim Roubault, si connu sous le nom de Maréchal de Gamaches.

munes, en partie détruite dans la lutte acharnée que se livrent la France et l'Angleterre, fait à peu près place à la noblesse du second ordre, dont les archives deviennent insensiblement mieux fournies, par suite de l'introduction de formes légales plus régulières dans les rapports sociaux. L'arrivée en scène des légistes multiplie les écritures, et garantit aux actes importants de la vie une plus grande validité. C'est ce qui fait que l'immense majorité des familles, y compris celles qui ont une illustration véritable, ne fournissent des filiations suivies qu'à compter de cette période, bien que leur existence antérieure soit avérée [1] » ; mais, comme les Maynard, elles ne peuvent présenter que des jalons plus ou moins incomplets pour remonter plus haut.

« D'une autre part, les relations s'élargissent ; la noblesse d'arrière-fief commence à se sentir à l'étroit dans ses anciennes limites d'action. De ces nouvelles conditions d'existence naissent des rapports, des alliances qui lui donnent une vie moins isolée. Au lieu de se parquer dans un cercle de quelques lieues à peine, elle tend à ne faire bientôt plus qu'une seule famille de l'aristocratie de la province, dont elle franchit parfois les frontières pour conclure mariage ou acheter des terres [2]. »

## V.

### FILIATION SUIVIE.

La filiation suivie des Maynard remonte à la seconde moitié du XIVe siècle. Nous venons d'indiquer dans le précédent paragraphe les causes qui empêchent, en général, les familles,

[1] Notes manuscrites de M. Benjamin Fillon.
[2] *Idem.*

même celles ayant occupé, depuis des siècles, une haute position sociale, d'avoir des archives riches en documents d'une époque antérieure. Comme nous n'avons voulu accepter que les degrés établis à l'aide de documents authentiques, soit pièces originales, soit preuves faites devant les intendants ou commissaires du Roi, nous avons négligé, parmi les premiers personnages du nom mentionnés par MM. de Courcelles et Beauchet-Filleau [1], ceux dont l'origine nous a paru susceptible d'être contestée, ou qu'un examen plus attentif nous a engagé à rejeter, comme n'appartenant pas à la même lignée.

Le premier Maynard de notre filiation suivie est cité dans le compte de la Marzelle de Longeville, pour l'année 1382, avec son frère René. C'est tout ce que nous savons de ce personnage; seulement, un autre passage des registres de la même terre, annonce que Jehan, dit *Poictou*, était neveu de René, nous devons naturellement en conclure que ce dernier était fils de Jehan, premier du nom.

## § I.

I. N. Mainart fut père de :

 1° Jehan, qui suit,

 2° René, écuyer, seigneur de la Cornetière, vivant encore en 1418, et qui eut trois enfants : 1° Charlot, seigneur en partie de la Cornetière; 2° Jehan, père de Guillaume, d'un autre Jehan, et de Margot, veuve en 1430, de Pierre Vignerot, écuyer. Ces derniers étaient allé habiter la Châtaigneraye, où ils possédaient des biens, ainsi

---

[1] De Courcelles, *Généalogie des pairs de France;* Beauchet-Filleau, *Dictionnaire des Familles de l'ancien Poitou.*

que leur oncle à la mode de Bretagne, Jehan, dit *Poictou*, que nous trouverons tout-à-l'heure; 3°, Antoine, également co-seigneur de la Cornetière.

II. Jehan, écuyer, seigneur de la Vergne-Cornet, mentionné en 1382, avec son frère René. On ne lui connaît qu'un fils, cité au degré suivant.

III. Jehan, dit *Poictou*, chevalier, seigneur de la Bouchardière, de la Vergne-Cornet et de la Gaudinière, écuyer de Jean de Berry, comte de Poitou, frère de Charles V. Il prenait aussi la qualification de seigneur de la Cornetière, dont il avait probablement une portion, soit par achat de ses cousins, soit à titre d'héritier de leur aïeul commun; c'est du moins le titre qu'il s'attribue dans un aveu rendu par lui, le 16 octobre 1409, à Pierre d'Amboise, vicomte de Thouars, à cause de son château de Talmond, auquel il devait la composition d'une ligence de quinze jours de garde, pour son hôtel de la Gaudinière-Reault, venant de sa femme [1]. Jehan eut pour épouse Jehanne Ancelonne, fille de Régnaud Ancelon, chevalier, d'une riche famille féodale. Leur contrat fut passé le 12 décembre 1402; mais le mariage ne se fit qu'au commencement de l'année suivante, puisqu'Etienne Loypeau, évêque de Luçon, donna, le 13 janvier 1402 (1403), des lettres, par lesquelles il déclara avoir reçu, sur l'ordre du duc de Berry [2], la fiancée des

---

[1] L'original en parchemin faisait autrefois partie des archives de Talmond. Il en existe un extrait dans les papiers de Chérin *(dossier de la famille Maynard)*, à la bibliothèque impériale. On peut aussi consulter les comptes de Talmond déposés aux archives de la préfecture de la Vendée. La Gaudinière appartenait depuis longtemps aux Ancelon.

[2] E. Loypeau était conseiller et aumônier du duc de Berry; il connaissait par conséquent d'avance Jehan Mainart.

mains de Pernelle Voyer, dame de l'Isle-Bernard, pour la marier audit Jehan Mainart. L'original de ces lettres était, en janvier 1772, entre les mains du comte de Mesnard, qui le communiqua, à cette époque, à Chérin, ainsi que le constate l'extrait inséré dans les titres de ce célèbre généalogiste, conservés à la bibliothèque impériale, section des manuscrits. Elles avaient été données aux Moustiers-sur-le-Lay, étaient scellées du sceau en cire rouge d'Estienne Loypeau, et contresignées de J. Pern, secrétaire de l'évêque.

Jehan possédait une maison en dehors du château de la Châtaigneraye, maison qu'il afferma, le 23 mai 1430, à un certain Colas Davallon, de ce bourg, où résidaient quelques membres de la famille Mainart.

Les fonctions d'écuyer qu'il remplissait près du duc de Berry, lui avaient fait probablement donner ce surnom de *Poictou*, sous lequel il est désigné dans certains actes, parce que son maître était comte de cette province, et qu'il avait sans doute résidé quelque temps à Poitiers. Les habitants du Talmondais, sujets des vicomtes de Thouars, étaient habitués à se regarder presque comme indépendants de toute autre autorité, et n'aimaient par conséquent pas ceux qui sortaient des habitudes routinières de leur petit pays. Jehan resta d'ailleurs attaché à la maison de France, et embrassa le parti du Dauphin, depuis Charles VII, contrairement à beaucoup de ses compatriotes, qui s'enrolèrent sous le drapeau bourguignon. Il en fut récompensé par la capitainerie de Talmond, que lui donna le Dauphin, le 23 août 1421. Ses descendants suivirent cette honorable tradition, fort rare, il faut bien l'avouer, en Poitou, pendant près de trois siècles, et c'est le trait caractéristique de la famille de ne s'être jamais départie de cette règle de conduite, pendant la longue lutte que le pouvoir central eut à soutenir pour arriver à l'unité gouvernementale.

Jehan mourut vers 1443, laissant de son mariage :

1º Loys, écuyer, seigneur de la Cornetière, mari de Jacquette Renaud, qui confirma, le 14 avril 1449, une donation à lui faite, à la charge d'assurer la célébration d'un service perpétuel dans l'église d'Avrillé ;

2º Tristan, qui suit ;

3º Jehan, chevalier, seigneur de la Cornetière, (qu'il eut au décès de Loys, son frère aîné). Il épousa Françoise Le Mastin, fille de Jehan Le Mastin, écuyer, seigneur de la Rochejaquelein, qui lui apporta en dot deux cents écus d'or. Après sa mort, arrivée en 1453 [1], sa veuve se remaria avec Jehan Pizon, écuyer.

4º Pierre, écuyer, qualifié prévôt de l'Ile-de-Ré, dans des lettres données le 15 août 1445, par Marie de Rieux, dame d'Amboise, vicomtesse de Thouars et princesse de Talmond, avant le pélerinage de cette dame à Saint-Jacques-en-Galice. Il mourut sans avoir été marié après 1467 ;

5º Marie, dame de la Gaudinière, femme de Charles Cathus, chevalier, seigneur des Granges, auquel elle apporta cent écus d'or que lui donna son frère Loys, lors de son mariage, célébré au commencement de 1449. Son mari et elle transigèrent avec leur frère et beau-frère Tristan, le 15 juin 1458, et se firent donation mutuelle le 18 septembre 1466. Marie mourut au commencement de 1470.

---

[1] Comptes de la principauté de Talmond, archives de la Vendée.

IV. Tristan, premier du nom, écuyer, seigneur de la Vergne-
Cornet, figure sur le rôle de l'arrière-ban du Poitou convoqué en 1467. Il y est qualifié homme d'arme de la
compagnie du sieur de l'Aigle. Son frère Pierre était dans
la compagnie du sieur de Montreuil. Tristan fut l'un des
gentilshommes poitevins qui servirent fidèlement Louis XI.
Nommé, en 1470, capitaine de Talmond, il mourut deux
ans après. Il avait épousé Mathurine Prévost, fille de
Pierre Prévost, écuyer, seigneur de Dignechien, près le
Puy-Belliard, qui eut l'honneur de recevoir Louis XI chez
lui, en décembre 1472. On sait que ce fut à Dignechien
que ce prince confirma les diverses donations faites en
Poitou à Philippe de Commynes, et lui accorda l'autorisation de créer aux Sables-d'Olonne un port capable de
rivaliser avec le commerce de La Rochelle et de la Loire [1].
Le roi était accompagné dans sa tournée de ses plus
intimes conseillers, entr'autres, du chancelier de France,
de Tanneguy du Chastel, du seigneur de Bressuire, et de
Jehan Bourré.

Les enfants de Tristan furent :

1° Antoine, qui vient ensuite ;

2° Jehan, auteur de la branche des seigneurs de
Dignechien, relatée au § VII.

3° Jacques, prêtre, seigneur de la Vergne-Cornet
et de la jeune Gaudinière, qui partagea divers
biens, les 14 mars et 18 mai 1492, avec Guillemette du Fouilloux, veuve d'Antoine, son
frère aîné. Il mourut en 1523. ( *Comptes de Talmond, archives de la Vendée* ).

4° Gilles, écuyer, servant en qualité d'archer en

---

[1] Les originaux des lettres délivrées à cette occasion font partie
de la coll. de M. B. Fillon. ( Voir *Revue des Provinces de l'Ouest*, années
1856-1857.)

là compagnie du sieur de Beaumont-Bressuire, lors de la montre et revue passée le 12 décembre 1491 ;

5° Jacquette;

6° Gillette ;

7° Mathée, veuve en 1504 de Loys du Retail ;

8° Catherine, femme de Jehan Guillet.

Mathurine Prévost, veuve de Tristan, fit une donation particulière à ses quatre filles sus-hommées, le 14 octobre 1480, afin de leur assurer des moyens d'existence.

V. Antoine, chevalier, seigneur de la Cornetière, de la Bouchardière, de la Vergne-Cornet, de Dignechien (en partie) et autres lieux, capitaine du château de Talmond[1]. Par contrat passé à Parthenay, le 8 octobre 1482, par-devant Jouslin et Horgaud, notaires de cette châtellenie, il se maria avec Guillemette du Fouilloux, fille de Loys du Fouilloux, chevalier, seigneur dudit lieu et du chastenet, et de Jeanno de la Rochefoucauld.

Il mourut au commencement de 1492[2].

Son mariage avec Guillemette du Fouilloux, dont la mère était, comme nous venons de le dire, une la Roche-foucauld, le rendit très proche allié de plusieurs des plus grandes maisons du royaume, ainsi qu'on peut le constater dans le père Anselme ; mais il est une parenté, qui, pour être moins brillante, mérite pourtant une mention toute particulière. Antoine Maynard devint ainsi oncle

[1] Quittance originale de ses gages, donnée le 4 novembre 1489. Coll. de M. B. Fillon. Il existe en outre plusieurs pièces dans lesquelles il prend ce titre, dans les comptes des revenus de la principauté pour cette année là, aux archives de la Vendée. — Voir aussi *Philippe de Commynes en Poitou*, par M. de la Fontenelle, pages 53-54, notes.

[2] Comptes de Talmond, archives de la Vendée.

propre par alliance du fameux Jacques du Fouilloux, le
spirituel auteur de la *Vénerie*, livre qui a longtemps joui
et jouit encore d'une immense popularité. Ce personnage
est un type tellement original, que nous avons cru devoir
lui consacrer, à la suite de ce travail une biographie
détaillée. Nous y renvoyons le lecteur.

Il existe à Fontenay-le-Comte une paire de grands
chenets ou landiers en fer, de la fin du xve siècle, représentant des sauvages nus et velus, soutenant de la main
droite une massue appuyée sur l'épaule, et portant,
attaché au cou, par une courroie, un écu chargé d'un
fretté. L'altération que les siècles ont fait subir à ces
curieux ustensiles, qui restent exposés aux intempéries
de l'air, dans un jardin, ne permet pas de décider si
les boucliers sont aux armes des Maynard ou à celles
des Joussaume, des anciens Grimouard, éteints au
xvie siècle, &c., &c., ou bien encore à celles des de
Surgères, seigneurs de la Flocelière : *de gueules fretté de
vair*, empruntées par ces derniers aux Maingot.

Les landiers de cette forme étaient fort à la mode à
cette époque. Ils ont en général tous le même aspect et
ne varient que par les armes reproduites sur l'écu. Il en
existe à Pouzauges une paire décorées de celles des Le
Venier de Lafosse, et une autre à la Mainardière, commune de Saint-Pierre-du-Chemin.

On peut consulter, au sujet de cette étrange figure du
sauvage nu et velu, employée, pendant le moyen âge, à
tant d'usages divers, et qui finit par servir de support aux
armes d'une foule de familles, l'article de M. de Longpé-
rier, conservateur des antiques du Louvre, inséré dans
la *Revue archéologique* de 1845. (*Paris, Leleux, rue
Pierre-Sarrazin, 9.*)

Si les landiers en question ont été faits pour un Maynard,
ils remontent au temps d'Antoine.

Guillemette du Fouilloux donna à son mari :

1º Jehan , écuyer, seigneur de la Vergne-Cornet.
Il fut archer dans la compagnie de Loys de la
Trémoille, le *chevalier sans reproche*[1], son suzerain, et fit avec lui les guerres d'Italie, en 1501.
Bientôt après il entra dans l'ordre militaire de
Saint-Jean-de-Jérusalem , et vendit, le 12 juillet 1511, à Antoine, son frère puîné, moyennant
deux cents écus d'or, tous ses droits présents et
à venir dans quelque succession que ce fut.

2º Antoine, écuyer, seigneur de la Cornetière et
de l'Ile-Bernard, dont il rendit hommage au
sieur de la Muce, le 30 août 1510. Le 5 août
1515, il constitua une rente de cinquante livres
au chapitre de Luçon. On le vit figurer à la convocation du ban du Poitou de 1533, et il mourut
l'année suivante. Sa femme fut Jehanne d'Er-
ville, dite de Grille, dont il eut : 1º Antoine,
écuyer, seigneur de la Cornetière , mort garçon
après 1547 ; 2º Marie, femme de Jacques de
Sallo, écuyer, seigneur de Semagne[2]; 3º Jehan ,

---

[1] Les La Trémoille, en héritant de Loys d'Amboise, étaient devenus les plus puissants seigneurs du Poitou.

[2] Voici un document fort curieux qui nous a été communiqué par M. Amand Merland, de Napoléon-Vendée, dans lequel est mentionnée Marie Maynard :

« Extrait du procès verbal fait l'an 1573 par Michel Ferrand, conseiller du Roy au présidial de Poitiers , commissaire en ceste partye.

« Nous avons trouvé le boiceau de Palluau,
pezer. . . . . . . . . . . . . . . . . . . 38 liv. 1/2
« Celuy d'Aizenay, celuy de Brandois et celuy
de Beaulieu, tous et chascun d'eux. . . . . 45 — 1/2
« Celuy d'Aspremont. . . . . . . . . . . . 50 — 1/2
« Celuy de la Mothe-Achard. . . . . . . . . 51 —

seigneur de la Grangonnière, qui fut tuteur de sa petite nièce, Charlotte de Sallo, femme de Gabriel de Châteaubriand;

3° Guillaume, mentionné au degré suivant;

4° Catherine, femme de Jehan Girard, écuyer, seigneur de la Marronnière.

VI. Guillaume, écuyer, seigneur de la Vergne-Cornet. Le 10 avril 1527, il transigea avec Antoine, son frère, qui lui abandonna diverses propriétés provenant des successions de leur père et mère, de celle de Louise Ancelon, dame de l'Ile-Bernard et de la Bouchardière, et d'au-

« Celuy des Roches-Baritaud. . . . . . . . 33 liv. 1/2
« Celuy de Commequiers et la demi mesure
d'Aspremont. . . . . . . . . . . . . . 50 — 1/2

« Les parties au procès furent Marie de Luxembourg, duchesse de Mercœur; François de Beaumont, gentilhomme ordinaire de la chambre du Roy, et demoiselle Nicole Chasteigner, sa femme; Charlotte Mauclerc, dame de la Savarière; Charles Barraud, écuyer, seigneur de la Rivière de Mouzeuil, et dame Perrette Chasteigner, sa femme; demoiselle Gabrielle de La Noüe, tant en son nom que comme tutrice de ses enfants et de feu Gilles Chasteigner, écuyer, seigneur de Saint-Fulgent, et encore comme ayant droit par transport de Mathurin de la Noüe, écuyer, et de demoiselle Marie Chasteigner, sa femme; demoiselle Catherine Lebœuf, femme sous l'autorité de Charles du But..., son mari; Maurice Savary, écuyer, seigneur de la Tartaudière, et demoiselle Michelle Chasteigner, sa femme; Julien Mauclerc, écuyer, seigneur du Ligneron-Mauclerc, tant en son nom que comme tuteur de demoiselle Anne Mauclerc; demoiselle Marie Mesnard, tant en son nom que comme tutrice des enfants d'elle et de Jacques Sallo, écuyer, seigneur de la Granjouère, son mari; Clément Mesnard, écuyer, seigneur de la Grégoirière, comme ayant transport de feu Antoine Mauclerc, seigneur de la Bretellière; Antoine Mauclerc, seigneur de la Rollandière et de Saint-Maixent, fils aîné et principal héritier de feu Loys Mauclerc, et de Catherine de la Voyrie, sa femme; et Jacques Mauclerc, fils puîné du susdit Antoine. »

Le poids de ces divers boisseaux a varié plusieurs fois depuis 1573.

3

tres parents collatéraux. Il était mort avant le 13 février 1555, date du partage de ses biens entre Antoinette de Beaumont, sa veuve, et ses enfants, qui furent :

    1° Jacques, écuyer, seigneur de la Vergne-Cornet,
terre qu'il vendit, le 13 septembre 1565, à
François, son frère puîné, du consentement de
Catherine de Montsorbier, sa femme. Jacques
fut le premier de la famille qui ait signé *Mesnard*.
Il fut père de : 1° Laurent, marié le 12 juillet
1572, avec Marie Chasteigner, fille de Guy Chasteigner, seigneur des Villates, et de Jehanne
Mauclerc, alors femme de François Maynard,
seigneur de la Vergne de Péault; 2° Jehan,
seigneur de la Guigneraye, qui épousa, par
contrat du 4 février 1585, Marie Babin, fille de
Bonaventure Babin, écuyer, seigneur de l'Es-
mentruère, et de Catherine Jacques. Il mourut
sans postérité au commencement du XVIIᵉ siècle;
3° autre Jehan, mort également sans postérité,
sous le règne de Henri IV.

    2° François, qui suit ;

    3° Clément, écuyer, seigneur de la Grégoirière,
décédé sans postérité, après 1573 ;

    4° Catherine, dont on ignore la destinée ;

    5° Antoinette, femme de René Mareschal, cheva-
lier, seigneur de la Tousche.

VII. François, premier du nom, chevalier, seigneur de la
Vergne de Péault (ou Mesnardière), de la Vergne-Cornet
et du Bus, épousa, par contrat passé, le 8 juin 1560,
pardevant G. Soret et P. Grelet, notaires des baronnies
de Commequiers et de la Garnache, Madeleine Mauclerc,
veuve de Guy Chasteigner, seigneur des Villates, et fille
de feu Jacques Mauclerc, écuyer, seigneur de la Muzan-
chère, et de Marie de Châteaupers.

Voici la reproduction de son sceau, tel qu'il nous a été conservé sur une empreinte en cire appendue à un acte de 1562. Le graveur a eu le tort de figurer les couleurs des émaux sur l'écu.

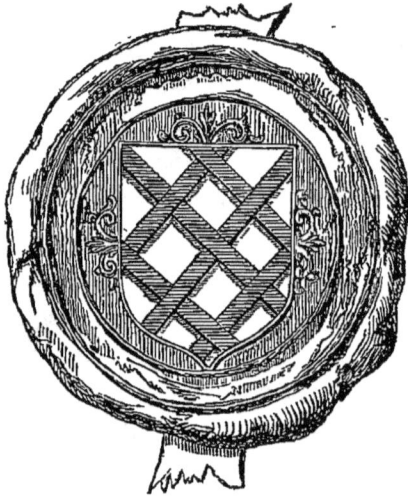

François abandonna le Talmondais et alla fixer sa résidence à la Vergne de Péault, près Luçon. Il fut un des rares gentilshommes du Poitou qui restèrent fidèles au catholicisme et servirent toujours la cause royale. Les Rochelais ayant donné quelques inquiétudes à Fontenay, à la fin de mai 1579, le comte du Lude, qui commandait dans la province pour Henri III, le chargea de veiller à la sûreté de cette place importante avec quinze autres gentilshommes de marque, sous les ordres de son parent Lancelot de Sallo, seigneur de la Cornetière, chevalier de l'ordre. Il en sortit un mois après, lorsqu'on se fut aperçu que ces alarmes n'étaient pas fondées[1]. Sa mort arriva bientôt après, car Madeleine Mauclerc était veuve en juillet 1584. Leurs enfants furent :

1° François, relaté au degré suivant ;

2° Marie, dame de Beaulieu et de la Vergne-Cornet, femme de René Chaboté, écuyer, seigneur de la Guinemardière, fils de Pierre Chaboté et de Charlotte Guischard, qu'elle épousa le 15 mai 1605. Elle fonda, par son testament du 30 octobre 1640, une chapelle au château de la Barottière, et nomma ses exécuteurs testamentaires Christophe et Charlotte, ses neveu et nièce.

3° Jehanne, mariée deux fois : 1° le 15 juillet 1585, avec Claude Maynard, écuyer, seigneur de la Bretonnière-Boufleroy, son cousin; 2° le 11 décembre 1595, avec Robert Robin, chevalier de l'ordre du Roi, seigneur de la Tramblaye, fils d'Antoine Robin, chevalier, seigneur de la Tramblaye, et de Jehanne de Mallemouche, dont elle était veuve en 1605. Lorsqu'elle l'épousa, il était lui-même veuf de Marguerite Voyer de Paulmy.

Jehanne fut maintenue dans sa noblesse par sentence rendue en l'élection de Mauléon, le 11 mars 1610.

VIII. François, deuxième du nom, chevalier, seigneur de la Vergne de Péault et de la Rudelière, se qualifia dans les actes publics de *haut* et *puissant*, selon la coutume

---

[1] Extrait du cahier des comptes de la ville de Fontenay, pour 1579. Voir aussi *Recherches historiques sur Fontenay*, par B. Fillon, T. I, p. 172. — Sur le rôle des gentilshommes qui veillèrent alors à la sûreté de cette ville, il est désigné sous le nom du seigneur de la Vergne.

que commencèrent à adopter alors tous les gentilshommes d'origine chevaleresque, ou, plutôt, tous ceux dont la fortune était assez considérable pour leur faire tenir un rang distingué. Devenu majeur, en 1591, il partagea, le 1er novembre de cette année, avec Madeleine Mauclerc, sa mère, et Marie, sa sœur, la succession paternelle. Par contrat passé, à Luçon, le 10 novembre 1597, devant Rochereau et son collègue, il épousa Andrée Chaboté, dame de la Rudelière et des Gazons, fille de feu Pierre Chaboté, écuyer, seigneur de la Guinemardière, et de Jeanne Guérin de la Loge. Il fut maintenu dans sa noblesse, le 8 mai 1599, par Philippe de Heere, commissaire du Roi en Poitou.

François mourut avant 1621. Il eut de son mariage :

1° François, mort sans postérité avant le 21 juin 1628. Il paraît qu'il passa en Amérique et périt dans quelque expédition aventureuse ;

2° Christophe, qui continue la descendance ;

3° Charlotte, femme d'André Masson, chevalier, seigneur de la Perraye et de la Guyonnière.

IX. Christophle ou Christophe, chevalier de l'ordre du roi, seigneur de la Vergne de Péault, la Vergne-Cornet, la Rudelière, Saint-Gilles, les Gazons, les Ors et la Barottière (terre dont il fit l'acquisition en 1640), fut un homme distingué et rempli de courage, qui se trouva mêlé aux principaux événements accomplis dans la province sous Louis XIII et la minorité de Louis XIV. Envoyé d'abord à Poitiers, pour faire ses études, il entra ensuite dans la maison de Gabriel de Châteaubriand, comte de Grassay et des Roches-Baritaud, plus tard lieutenant-général pour le roi en Bas-Poitou, qui le prit en affection et se chargea de son éducation militaire et de son avancement. Les Châteaubriand et les Maynard étaient parents éloignés par le mariage de Gabriel avec Charlotte de Sallo, cousine au neuvième degré de Christophe [1]. Cette alliance et les relations qui en furent la suite établirent une grande intimité entre les deux familles. Christophe, devenu l'ami de M. de Châteaubriand, le suivit dans ses expéditions, où il se distingua si bien, qu'il fut créé chevalier de l'ordre, le 14 février 1641. Une circonstance semble avoir aussi servi à sa fortune, indépendamment de sa valeur personnelle. Tandis que Richelieu était évêque de Luçon, ses parents et lui eurent plusieurs fois des relations avec ce prélat, qui devait avoir une si haute influence sur les destinées de l'Etat, et dont ils étaient alors les proches voisins [2]. Il est donc probable que le grand cardinal ne le perdit pas de vue, lorsqu'il eut entre les mains la direction du royaume.

Christophe se maria, par contrat passé à Fontenay, le 21 juin 1628, devant Robert et Bonnet, avec Catherine Gallier-Garnier, fille de Jean Garnier, conseiller au parlement de Bretagne, et de Suzanne Gallier, qui lui donna non-seulement une fortune considérable, mais encore le rattacha à une foule de familles influentes, entr'autres aux Tiraqueau, aux de Sanzay, aux d'Aubigné (de l'Anjou), aux Rouhault, aux du Puy du Fou, aux Beaudean de Parabère, etc. et enfin à l'une des plus pures illustrations du xviie siècle, à l'illustre maréchal Catinat. Le mariage de Gabriel de Châteaubriand, comte de Grassay, fils du lieutenant-général, avec Suzanne de Raymond, fille de Louis de Raymond et de Claude Gallier-Garnier, sœur de Catherine, sa femme, resserra encore les liens

---

[1] Elle avait pour tuteur, au moment de son mariage, Jehan Maynard, seigneur de la Grangonnière, frère de Marie Maynard, son aïeule maternelle, nièce de Guillaume, bisaïeul de Christophe.

[2] Ils passèrent plusieurs marchés avec lui pour des maisons situées à Luçon.

qui existaient déjà entre cette maison et lui. Cette union eut lieu en mai 1645.

Retiré dans ses terres, depuis quelques années, Christophe jouissait en paix du bonheur domestique et de la considération de ses compatriotes, lorsque les troubles de la Fronde vinrent le forcer à reprendre les armes. Châteaubriand, homme d'un grand sens politique, se déclara aussitôt pour Mazarin, qui, malgré les erreurs de son gouvernement, représentait néanmoins le principe d'autorité, et se hâta d'appeler près de lui son ami et de le nommer l'un de ses lieutenants. Il lui donna pour collègue René Barlot, marquis du Chastelier, colonel du régiment de Poitou, fils de Léon, si connu sous le nom de Chastelier-Barlot. Les mesures énergiques qu'ils surent prendre paralysèrent en partie les projets des révoltés qui avaient à leur tête les la Trémoille, et voulaient profiter de la faiblesse du pouvoir central pour restaurer leur influence éclipsée depuis Henri IV et Richelieu. Chargés de protéger les places du Bas-Poitou, ils parvinrent à maintenir dans le devoir quelques-unes d'entr'elles ; empêchèrent, en une foule d'endroits, les frondeurs de s'emparer de la levée de l'impôt ; mais échouèrent devant la mauvaise volonté de Louise de la Marck, femme de Charles Eschallard de la Boulaye, gouverneur de Fontenay. Tandis que son mari servait la Fronde à Paris, cette héroïne avait pris le commandement du château confié à sa garde et en avait refusé, le 5 février 1649, l'entrée aux lieutenants de M. des Roches-Baritaud, qui occupaient la ville et voulaient se prévaloir des nouvelles provisions de gouverneur tout récemment envoyées à leur chef. Malgré la résistance énergique de quelques habitants, parmi lesquels figuraient en première ligne le procureur du roi Julien Collardeau, Jacob Demodon, le vénérable curé de Notre-Dame, René Moreau, chargé par Jacques

Raoul, évêque de Maillezais et de la Rochelle, de négo-
cier un accommodement entre les deux partis, les
bourgeois de Fontenay, excités par leur maire, chassèrent
les partisans de Mazarin, et livrèrent l'entrée de la
place à Gilbert de Clérambault, dit l'abbé de Palluau,
frère du maréchal [1].

Cet échec ne découragea pas M. des Roches-Baritaud.
Il se dirigea sur Sainte-Hermine, s'en empara, en fit son
quartier général, et, appelant à lui tous ceux qui avaient
à cœur de sauvegarder l'autorité de la couronne et de
mettre promptement fin à cette déplorable guerre civile,
eut bientôt sous la main une petite armée capable de
résister aux mécontents, si elle n'eût pas été en proie à
de trop nombreuses rivalités. Les frondeurs rassemblèrent,
de leur côté, des forces à Thouars et se dirigèrent, sous
les ordres du comte de Laval et du vicomte de Marsilly,
vers Sainte-Hermine, après avoir été rejoints par Bastard
de la Cressonnière, les Hélies de Boisroux, Régnon de
Chaligny et d'Arcemale, petits chefs de paroisses, à la
tête de deux à trois cents gentilshommes et valets, qui
portèrent à deux mille quatre cents soldats le contingent
de l'armée parlementaire. Se sentant incapable de faire
face en rase-campagne à cette bande, qui avait de l'artillerie et était conduite par un ou deux officiers subalternes
de mérite, chargés de conseiller le comte de Laval,
des Roches-Baritaud passa le Lay et se retira à la
Chaize-le-Vicomte, où le peu de discipline des nobles
bas-poitevins lui fit perdre le fruit de ses dispositions
militaires et de celles de ses lieutenants. Obligé de fuir
vers les Sables avec Christophe Mesnard et René Barlot,
il fut arrêté par les marins du port, livré aux frondeurs,

---

[1] Gilbert de Clérambault était prêtre. Il fut nommé évêque de Poitiers,
en 1657.

qui violèrent la promesse de le laisser regagner tranquil-
lement, en compagnie de ses compagnons d'infortune,
sa maison du Plessis-Sallo, près de la Roche-sur-Yon,
et l'emmenèrent prisonnier à Thouars, d'où le traité de
paix, intervenu entre Anne d'Autriche et les chefs de la
Fronde, le firent sortir quelque temps après. Christophe
subit sans doute le même sort[1].

Après cette malheureuse campagne, il rentra de nouveau
dans la retraite avec le grade de maréchal-de-camp,
juste récompense de ses loyaux services, qui lui avait
été accordée pendant la guerre[2]. A l'époque où Colbert
de Croissy, frère du grand Colbert, rédigeait son mémoire sur la noblesse du Poitou[3], c'est-à-dire en 1666,
il venait de mourir, ayant conservé la réputation d'un
gentilhomme de bravoure et de mérite, ainsi que le
témoigne ce précieux document.

Christophe termina sa carrière en décembre 1665. Le
1er mars 1658, Catherine Gallier-Garnier et lui avaient fait
un testament olographe, dont l'une des dispositions vaut
la peine, comme trait de mœurs, d'être reproduite ici.
On y lit en effet : « A l'esgard de François Mesnard, nostre
» fils aîné, quoyque nous eussions toujours eu une affec-
» tion très particulière pour luy, donné tous nos soins et
» employé libéralement nostre bien pour l'élever dans les
» plus hauts degréz de personne de sa naissance, néant
» moins, il s'est tellement oublié, qu'il s'est porté à des
» mépris et désobéissances à nostre endroict, que nous
» ne pouvions et devions attendre de luy; *au préjudice*

---

[1] Voir *la Fronde en Poitou*. par M. de la Fontenelle de Vaudoré, et
les divers documents relatifs aux mêmes faits conservés dans la collection
de M. B. Fillon.

[2] Il en prenait le titre au mois de décembre 1649.

[3] Colbert de Croissy, qui n'était pas du pays, et trompé par la similitude des noms, a confondu les Mesnard de Toucheprest avec les nôtres.

» *des instantes prières que nous lui avions par plusieurs*
» *fois faictes le genoux en terre*, *et faict faire*, il s'est,
» contre nostre volonté expresse, tellement oublié, qu'il
» s'est engagé en des amours et recherches de dame
» Renée Huyllard, qui lui est du tout inégale en naissance,
» aage et biens et chargée de quatre enfants, en faveur
» de laquelle il est sorty de nostre maison, à nostre
» desceu, avec tout l'équipage, habits, chevaux et servi-
» teurs que nous luy entretenions et avions donné dès le
» mois d'aougst 1651, et, depuis lequel temps, il nous a
» été impossible de le faire retourner en nostre maison,
» ny dans nostre obéissance, quelques prières et offres
» que nous luy ayons faict faire, ce qu'il a toujours mé-
» prisé et a toujours du depuis faict sa demeure en la
» maison de la dicte Huyllard; enfin nous dicts Mesnard
» et la dicte Garnier, mary et femme, poussés d'un
» juste ressentiment du mépris commis par nostre dict
» fils aîné, en nostre droict, et pour bonnes et justes
» considérations à ce nous mouvant, nous avons exhé-
» rédé et exhérédons le dict François Mesnard, nostre
» dict fils aîné, et voulons qu'il demeure privé et
» exclus de tous les biens de nostre succession qui luy
» eussent appartenu, cessant la susdicte désobéissance et
» contravention aux loix divines et civiles; et, néant
» moins, s'il avenait que nostre dict fils aîné n'eust point
» espousé et n'espousât point à l'avenir la dicte Huyllard,
» et qu'il se soumit à nous rendre l'obéissance qu'il nous
» doict, en ce cas là et non aultrement, nous voulons et
» ordonnons qu'il aye ce qui luy pourrait appartenir dans
» nos domaynes anciens seulement; mais aussy s'il a
» espousé ou espouse la dicte Huyllard à l'avenir, nous
» voulons et ordonnons que la dicte exhérédation sorte en
» son plein et entier effect..... »

Ce passage est caractéristique et donne une idée exacte

des mœurs de l'époque. Les papiers de la famillé de la femme de Christophe Mesnard noùs fournissent un autre exemple de cette rigidité inflexible de la part de certains parents dans les questions de mariage. C'est la contre-partie du précédent. Il s'agit cette fois d'un grand seigneur qu'une famille bourgeoise de robe refuse d'admettre en son sein. Louis de Sanzay, baron de l'Auberaye, fils de François de Sanzay, baron de Baulle, gentilhomme ordinaire de la chambre, qui se disait vicomte héré-ditaire de Poitou et prétendait descendre des anciens comtes souverains de cette province, demanda, en 1640, la main de Claude de Thurin, fille de feu Philbert de Thurin, président au grand conseil, et de Catherine Gallier-Picard, cousine-germaine de Catherine Gallier-Garnier. C'était Amador de la Porte, grand prieur de France, qui avait servi d'intermédiaire dans la négocia-tion. Or, madame de Thurin, blessée de ce que cette recherche de sa fille, très riche héritière, eut été d'abord faite à son insu, refusa son consentement et ne céda qu'après que des sommations respectueuses lui eurent été adressées et que le baron de l'Auberaye fût venu lui faire des excuses à genoux; encore fallut-il que le grand prieur et l'évêque de Maillezais usassent de toute leur influence, et que l'historien Jean Besly, proche parent et ami de cette mère irritée, fut parvenu à vaincre son obstination [1].

Revenons maintenant à François, qui ne put obtenir l'absolution de sa désobéissance.

Il épousa en effet, le 30 mai 1660, Renée Huyllard; mais il mourut peu de temps après son père, et Catherine Gallier-Garnier vit aussitôt céder sa colère devant cette tombe qui venait de se fermer sur le coupable. Elle finit

[1] Dossier de la famille Tiraqueau dans la collection de M. B. Fillon.

elle-même ses jours en octobre 1671. Par son testament
du 10 décembre 1667 et codicile du 24 février 1670, elle
adoucit la rigueur du premier, et fonda, à la Barottière,
une chapelle dédiée à Sainte-Catherine, sa patrone, dont
ses enfants confirmèrent la dotation le 5 décembre 1678.

Christophe et sa femme laissèrent à leur mort six
terres seigneuriales, divers biens roturiers estimés
285,000 livres et un autre en Gascogne en valant 10,000.
Il était bien difficile qu'une pareille succession se par-
tageât à l'amiable et sans que les gens de chicane ne
vinssent porter la désunion entre les co-héritiers, déjà
que trop divisés par la position faite à François, l'aîné.
Il y eut donc malheureusement de longs débats, qui,
entés les uns sur les autres, entretenus par d'avides
procureurs, cette vermine des familles, ne se termi-
nèrent, de guerre lasse, qu'au milieu du XVIII⁰ siècle [1].

Christophe signa toujours : *Mesnard*. Parmi ses enfants,
les uns conservèrent la même orthographe, et leurs
descendants l'emploient encore de nos jours. La branche aînée et celle des seigneurs de la Claye reprirent
au contraire l'ancienne, et ont écrit depuis : *Maynard*.
De là provient la différence qu'on remarque aujourd'hui
entre ces deux transcriptions d'un seul et même nom.
Ce n'est d'ailleurs qu'à dater de la fin du règne de
Louis XIV, qu'on commença à rendre l'orthographe des
noms propres invariablement stationnaire.

Les enfants issus du mariage de Christophe et de Catherine Gallier-Garnier furent :

1° François, qui suit ;
2° Louis, tige de la branche de la Barottière,
relatée au paragraphe V, laquelle a toujours

[1] Archives de la Vendée, *Dossier de la famille Maynard,*

conservé l'orthographe du nom employée par Christophe ;

3° Jean, dit *l'abbé de la Vergne*, mort en 1702. Il était docteur en Sorbonne, chanoine de Luçon, et l'un des principaux dignitaires de cette cathédrale. C'était un homme instruit, qui avait une belle bibliothèque. Il faisait souvent sa résidence à la Vergne de Péault, où il avait réuni une suite de portraits de famille et des évêques de Luçon, dont les derniers débris se voyaient encore, il y a quelques années, dans le grand salon de cette maison ;

4° Rodolphe, chevalier, seigneur de Saint-Marc et de la Rudelière, qui, de Renée Lemeignan, eut deux filles : Jeanne et Marie ;

5° Gabriel, auteur de la branche de la Claye, relatée au paragraphe VI ;

6° Autre Gabriel, mort mineur avant d'entrer dans l'ordre de Malthe, auquel on l'avait destiné ;

7° Suzanne, mariée, par contrat du 15 février 1658, passé à la Barottière, devant Louis Charon et F. Loublier, avec Antoine de la Haye, chevalier, seigneur des Hommes, fils puîné de Philippe de la Haye, chevalier, seigneur de Montbault, et de Suzanne du Puy-du-Fou.

X. François, seigneur de la Barottière, fils aîné de Christophe Mesnard et de dame Catherine Gallier-Garnier, épousa, par contrat passé, le 27 mai 1660, devant Jousson et Richard, notaires de la baronnie d'Aspremont, Renée Huyllard, veuve de Jacques Taillefer de Montausier, et fille de Mathieu Huyllard, seigneur de Lavau, et de N. Jousselin de Marigny. Ils reçurent la

bénédiction nuptiale à Aspremont, le 30 mai 1660, de
Sorin , curé dudit lieu [1].

François eut de son mariage deux enfants :

1° Jean qui suit ;

2° Françoise, mariée à Eusèbe Girard, chevalier,
seigneur de la Girárdie[2].

XI. Jean, chevalier, seigneur de la Vergne-Cornet, de la
Vergne de Péault, et en partie de la Barottière, épousa ,
par contrat du 27 février 1683, passé devant Louis
Pédeau et Mathieu Saulnier, notaires de la baronnie
du Gué-Sainte-Flaive, Marie-Jacqueline Foucher, fille
unique de Germanicus-François Foucher, chevalier,
baron du Gué-Sainte-Flaive, et de Jacqueline d'Arcemalle[5]. Nous avons déjà vu que François Maynard avait
été déshérité par ses parents, pour s'être marié contre
leur volonté, et que, la mort l'ayant surpris dans la force
de l'âge, Catherine Gallier-Garnier, alors veuve, avait
révoqué, en ce qui la concernait, l'exhérédation qu'elle
avait prononcée contre lui, conjointement avec son
mari, et fait rentrer ses petits enfants, Jean et Françoise, dans les droits de leur père. Sa succession, ainsi
que nous l'avons constaté, donna lieu à une foule de
procès ruineux évoqués jusqu'au parlement de Paris.
Enfin intervint un accord par lequel Louis Mesnard,
chevalier, seigneur des Gazons, Jean Mesnard, abbé de
la Vergne, Gabriel Maynard, chevalier, seigneur des
Deffends, tous fils puînés de Christophe Mesnard et de
Catherine Gallier-Garnier, ainsi que Pierre You, au nom
et comme curateur des enfants mineurs de feu Rodolphe
Mesnard, chevalier, seigneur de Saint-Marc, aussi leur

Papiers de la famille. — Preuves des pages faites devant d'Hozier,
en 1782. *(Bibliothèque impériale).*

[2] Papiers de la famille.

[5] Papiers de la famille.—Preuves des pages. *(Bibliothèque impériale).*

frère, abandonnèrent à Jean Maynard et à sa sœur Françoise, alors veuve d'Eusèbe Girard, la Vergne de Péault, la Vergne-Cornet, Saint-Gillet, avec toutes leurs dépendances, les marais salans de Belair et de Huchegrolles, plus une rente sur la terre de la Rudellière et une somme de dix mille livres, à la seule charge de servir une rente pour la fondation d'une chapelle à la Vergne-Cornet, selon le vœu exprimé par leur mère. De leur côté, le frère et la sœur firent une renonciation formelle, tant au sujet de la Barottière que des autres biens provenant de la succession de leurs grands parents.

Mais là ne devait pas s'arrêter les contestations, la mort de l'abbé de la Vergne vint raviver les débats qui se continuèrent jusque vers 1745[1].

Jean Maynard mourut en 1693, laissant de son mariage avec Jacqueline Foucher :

    1° Jacques, qui suit;

    2° François-Germanicus, auteur de la branche des barons du Langon, rapporté au § II :

    3° Jeanne-Marie, femme de Charles-Esprit Baudry d'Asson, chevalier, seigneur de Grezé, qui passa, le 29 août 1747, avec ses co-héritiers et les duchesses d'Estissac et d'Anville, légataires universelles de Gabrielle-Françoise de Chasteaubriand, veuve de René, marquis de Savonnières, une transaction par laquelle furent fixés les droits des héritiers Maynard à la succession de ladite demoiselle de Chasteaubriand, leur parente[2].

    Nous devons mentionner ici, avant de passer à l'article suivant, le jugement rendu le

[1] Papiers de la famille. Archives de la préfecture de la Vendée.
[2] Papiers de la famille.

28 septembre 1699, par M. de Maupeou, intendant de Poitou, en vertu duquel Marie-Jacqueline Foucher de Sainte-Flaive, veuve de Jean
Maynard, chevalier, seigneur de la Vergne, et
Jacques Maynard, chevalier, baron de Sainte-
Flaive, leur fils aîné, furent maintenus dans
les priviléges des autres nobles du royaume [1].

XII. Jacques, chevalier, baron de Sainte-Flaive, seigneur
de la Vergne-Cornet et autres lieux, épousa, par contrat
passé devant Thoumazeau et L. Blayneau, notaires du
marquisat de la Chaise, le 24 novembre 1705, Bénigne-
Marguerite Jodouin, fille d'Alexandre Jodouin, chevalier,
seigneur de Marmande, Passy et la Mothe-de-Frosse, et
de dame Bénigne de la Varenne [2].

Jacques vendit, par contrat passé à Paris, le 11 octobre
1715, devant Vallet et son collègue, notaires au Chastelet
de Paris, la terre de Sainte-Flaive à François de Granges
de Surgères, chevalier, marquis de Puyguyon, lieutenant-
général des armées du Roi, agissant pour Alphonse
Salgues, marquis de Lescure [3], capitaine de dragons au
régiment de Bauffremont, et pour dame Elisabeth-Hen-
riette de Granges de Surgères, dame de Lescure, son
gendre et sa fille puinée. Dans l'acte de cession, le ven-
deur se réserve le droit de conserver le titre de baron de
Sainte-Flaive [4].

La mère de Jacques Maynard se remaria en 1704 avec
Alexandre Mesnard, chevalier, seigneur de la Godeli-

---

[1] Preuves des pages. (*Bibliothèque impériale*).

[2] Papiers de la famille.

[3] Il fut l'aïeul de Louis-Marie, marquis de Lescure, l'une des belles
figures des guerres de la Vendée. La famille Salgues est originaire du
diocèse d'Alby.

[4] Papiers de la famille.

nière, lieutenant au régiment d'Anjou (infanterie), cousin
germain de son premier mari, étant issu de Louis, second
fils de Christophe et de Catherine Gallier-Garnier. Le peu
de soin qu'elle avait apporté à l'administration de la
tutelle de son fils n'avait pas peu contribué à déranger la
fortune de celui-ci, qui fut obligé, pour mettre ordre à
ses affaires, de vendre la Vergne-Cornet, terre appartenant dès la fin du XIIIᵉ siècle à ses ancêtres[1]. Peu de
temps après, il fut maintenu dans sa noblesse, le 14
janvier 1716, par M. Quantin de Richebourg, intendant
de Poitou, sur la présentation de l'ordonnance de M. de
Maupeou, du 28 septembre 1699[2].

Ses enfants furent :

  1° Jacques-Germanicus, seigneur de Passy, dont
  la veuve, Marie-Eléonore-Elisabeth de la Boucherie, épousa, en secondes noces, Alexandre-
  Bonaventure Mesnard, chevalier, comte de
  Mesnard[3];

  2° François-Henri, qui suit :

XIII. François-Henri, chevalier, seigneur du Pont de la
Pierre, chevalier de Saint-Louis, lieutenant-colonel d'infanterie, marié, par contrat passé devant Crassous et
Fleury, notaires royaux, à la Rochelle, le 12 février 1744,
avec Marie Broussard, fille de feu Daniel Broussard,
d'une famille d'échevinage et de robe de cette ville,
et de demoiselle N. Béraudy[4]. François-Henri n'eût
qu'une seule fille de son union, qui fut :

XIV. Marie-Bénigne, femme de François-Germanicus-Bonaventure Maynard, seigneur de Saint-Gillet, son cousin.

[1] Papiers de la famille. — Voir plus haut page 20.
[2] Preuves des pages. (*Bibliothèque impériale*).
[3] Papiers de la famille.
[5] *Idem.*

4

On a pu remarquer, en parcourant les degrés précédents, dans quelles erreurs singulières est tombé M. de Courcelles, à partir de Christophe et de Catherine Gallier-Garnier. Nous ne comprenons vraiment pas qu'il ait pu les commettre, ayant sous les yeux les archives originales de la famille, à lui communiquées par les représentants de l'une des branches cadettes. Il est allé plus loin : il a fait disparaître, de sa pleine autorité, tous les descendants de la branche aînée, qui semble ainsi s'être éteinte au milieu du XVIII<sup>e</sup> siècle. Le présent travail fera justice de pareilles *négligences* échappées à un homme dont le livre a néanmoins quelque réputation. Et pourtant nous n'avons pas eu à notre disposition plusieurs des documents qui lui ont servi, sortis qu'ils étaient de notre branche pendant le dernier siècle.

§ II.

# PREMIÈRE BRANCHE.

### BARONS DU LANGON.

XII. François-Germanicus, chevalier, seigneur de Saint-Gillet, fils puîné de Jean Maynard, seigneur de la Barottière, et de Marie-Jacqueline Foucher de Sainte-Flaive, épousa, par contrat passé devant Boiffard et Lambert, notaires royaux, à Saint-Maixent, le 14 février 1719, Marie-Louise Jaumier, fille de François Jaumier, chevalier, seigneur de la Barbelinière, et de Marie Pallardy. Jean Jaumier, chevalier, comte de Saint-Gouard, oncle de l'épousée, lui donna, à l'occasion de ce mariage, la propriété et la jouissance de la terre de la Mosnerie, dans la paroisse des Moutiers-sous-Chantemerle, pour en jouir à partir du jour de la bénédiction nuptiale [1].

François eut de ce mariage deux enfants, savoir :

    1° François-Germanicus-Bonaventure, qui continue la descendance ;

    2° Marie-Thérèse, religieuse à la communauté de Sainte-Geneviève, à Paris [2].

XIII. François-Germanicus-Bonaventure, chevalier, seigneur de Saint-Gillet, lieutenant de cavalerie au régiment de Talleyrand, épousa, au château de Passy, paroisse de Corps, devant Fèvre et Chouteaux, notaires, à Mareuil, le 21 avril 1760, Marie-Bénigne Maynard, sa cousine, fille unique de François-Henri, seigneur du Pont de la Pierre, et d'Esther Broussard. Ils furent mariés à l'église, le 22, avec dispenses du Pape, du deuxième au troisième degré de consanguinité. La baronne de Sainte-Flaive, grand'mère de la mariée, lui donna en dot la terre de Saint-Gillet [3].

L'entérinement du testament d'Antoine-Charles-Henri d'Arcemalle, et l'acte passé à cette occasion à Fontenay, le 22 octobre 1769, nous fait connaître quels étaient alors les membres existant de la famille. On y voit, en effet, intervenir François-Germanicus-Bonaventure Maynard, chevalier, seigneur de Passy; dame Marie-Bénigne Maynard, sa femme; Alexandre-Bonaventure Mesnard, chevalier, comte de Mesnard, héritiers présomptifs dudit Antoine-Charles-Henri Darcemalle, chevalier, baron du Langon, leur parent, à cause de Marie-Jacqueline Foucher, dame de Sainte-Flaive, fille unique de Germanicus-François

---

[1] Papiers de la famille. — Preuves des pages et papiers d'Hozier. (*Bibliothèque impériale*).

[2] Papiers de la famille.

[3] Papiers de la famille. — Preuves des pages. (*Bibliothèque impériale*).

Foucher, chevalier, baron de Sainte-Flaive, et de dame Jacqueline Darcemalle, mariée, comme nous l'avons vu, le 27 février 1683, à Jean Maynard, chevalier, seigneur de la Barottière, de la branche aînée, puis, en secondes noces, avec dispenses du Pape, le 13 avril 1704, à Alexandre Mesnard, chevalier, seigneur de la Godelinière, cousin-germain de son premier mari [1].

François-Germanicus-Bonaventure eut pour sa part, dans la succession de Henri Darcemalle, la baronnie du Langon, terre considérable du Bas-Poitou, et sous le nom de laquelle la branche aînée a été depuis connue.

Nous avons donné, avec les renseignements sur les familles alliées aux Maynard, une notice sur le Langon. Nous y renvoyons le lecteur, nous contentant de reproduire ici le sceau de cette baronnie, gravé pour François-Germanicus-Bonaventure.

Au mois d'octobre 1787, la commission intermédiaire

[1] Papiers de la famille.

de l'élection de Fontenay ayant été nommée, en vertu de l'ordonnance du 12 juillet précédent, le baron du Langon fut l'un des électeurs qui procédèrent à cette opération. Présenté pour être le syndic de l'ordre de la noblesse, le marquis de la Coudraye l'emporta sur lui. Lors de la création des municipalités, les habitants du Langon le choisirent pour leur maire, en récompense, peut-être, de ce qu'il avait beaucoup contribué à faire choisir cette commune pour chef-lieu d'un canton composé du Langon, Saint-Martin-sous-Mouzeuil, Mouzeuil, Nalliers, Petosse et Auzais. Plus tard cette circonscription fut supprimée.

Resté en Vendée pendant la Révolution, il fut inscrit sur la liste des suspects et soumis, pendant un an environ, à une détention préventive. Il en sortit après le 9 thermidor.

François-Germanicus-Bonaventure Maynard mourut au Langon, le 26 octobre 1797. Il avait eu de son mariage dix-sept enfants, la plupart morts en bas âge. Voici ceux qui vivaient au moment de la Révolution :

1° Bénigne-Germanicus-Bonaventure-Louis, qui continue la descendance ;

2° Marie-René-Bonaventure, dit le chevalier de Maynard, qui fit, le 25 mars 1782, ses preuves de page à la grande écurie, devant M. d'Hozier. Il servit comme sous-lieutenant, en 1787, au régiment de dragons de Boufflers, et rejoignit, en 1793, l'armée de Condé, où il fut nommé sous-lieutenant au régiment noble à cheval de Berry. Il fit avec distinction les campagnes de 1793, 1794, 1795, 1796, 1797, 1798, 1799, et en partie celle de 1800, ainsi que l'atteste une lettre de M. le duc de Berry, en date du 1er septembre 1817 [1] ;

3° Honorée ;

---

[1] Preuves des pages, *(Bibliothèque impériale)* ; Papiers de la famille.

4° Renée-Emilie, décédée sans alliance, le 5 septembre 1851 ;

5° Bonaventure-Fidèle, chevalier de Malte, mort en émigration dans le régiment de Saxe [1] ;

6° Henri-Marie Richard, reçu page en 1784, mort en émigration dans le régiment de Saxe ;

7° Aimé-Bonaventure-Benjamin, relaté au § IV.

XIV. Bénigne-Germanicus-Bonaventure-Louis, chevalier, seigneur de Passy, sous-lieutenant au régiment de Languedoc (dragons), épousa, par contrat passé par Millouain et P.-J. Fillon, notaires, à Fontenay-le-Comte, le 9 février 1784, Louise-Adélaïde-Charlotte Racodet, fille mineure de Charles Racodet, chevalier, seigneur de la Vergnay, et de feue dame Jeanne-Marguerite Boutou de la Bausigière [2]. Peu de temps après son mariage, M^lle Racodet hérita de la terre de la Baugisière de Jeanne-Louise-Modeste Boutou, sa tante maternelle. Nous avons inséré plus loin une note détaillée sur la famille Boutou. Comme la Baugisière, résidence actuelle de la branche aînée des Maynard, leur a appartenu pendant plus de cinq cents ans, nous avons pensé devoir leur consacrer un article spécial, et cette circonstance nous a permis de donner la liste complète des seigneurs de cette terre, depuis le milieu du XIII^e siècle jusqu'à la Révolution.

Bénigne-Bonaventure-Germanicus-Louïs quitta le service peu après son mariage, émigra au moment de la Révolution, et entra à l'armée des princes, où il servit dans les chasseurs nobles. Il se réfugia ensuite à Hambourg. M^me de Maynard, restée à la Baugisière, pour sauver la fortune de ses enfants, fut emprisonnée à Fontenay, au mois de mars 1793, et délivrée à la prise de cette

[1] Papiers de la famille.
[2] *Idem.*

ville, par l'armée vendéenne, le 25 mai suivànt ; mais elle fut de nouveau incarcérée à la fin de 1793 et envoyée à Celles. Elle en sortit après le 9 thermidor. Dans l'intervalle qui s'écoula entre ses deux captivités, M$^{me}$ de Maynard s'était tenue pendant plusieurs jours avec ses enfants cachée dans les bois de la Baugisière, où un garde nommé François, venait, au péril de sa vie, leur apporter leur nourriture. Plus tard, ce fidèle serviteur ne voulut jamais accepter de récompense. Il était étranger au pays, et on ignorait son passé, lorsqu'à sa mort, on découvrit sur lui le stigmate des condamnés. Où trouver une plus noble expiation d'une ancienne faute, que le dévouement de ce vieux serviteur à ses maîtres !

M. de Maynard, revenu dans sa patrie, suivit bientôt dans la tombe M$^{lle}$ Racodet. Il mourut au Langon, le 31 décembre 1820. Il avait eu de son mariage :

    1° Adèle, décédée sans alliance, en 1826 ;

    2° Léontine-Marie-Renée, mariée à Florent-Daniel de Guinebauld, dont elle n'a point eu d'enfants ;

    3° Bonaventure-Louis-Germanicus-Jules, qui continue la descendance ;

    4° Caroline, supérieure du couvent des Ursulines de Jésus, à Luçon ;

    5° Arsène, religieuse aux Ursulines de Jésus, décédée en 1851, à Chavagnes ;

    6° Zénobie, religieuse aux Ursulines de Jésus, décédée en 1849 ;

    7° Alphonse-Aimé-Anne-Paul, rapporté au § III.

XV. Bonaventure-Louis-Germanicus-Jules, baron de Maynard, chevalier de Saint-Louis et de la Légion-d'Honneur, officier supérieur de la garde royale, démissionnaire en 1830, a épousé, le 6 juin 1826, par contrat de mariage signé du roi Charles X, Marie-Antoinette-Françoise Baudon d'Issoncourt, fille du comte Baudon d'Issoncourt et de Frédéricque-Walburge-Antoinette de Lilien, dont la mère, Claire de Ligniville, dame étoilée de l'ordre de Marie-Thérèse, sœur de Charlotte de Ligniville, mère de M. d'Issoncourt, avait épousé Alexandre, baron de Lilien, chambellan de Joseph II, empereur d'Allemagne. De ce mariage est issu :

XVI. Gaston, attaché au ministère des affaires étrangères.

## · ? III.

XV. Alphonse-Aimé-Anne-Paul, chevalier de Maynard, se maria, en 1825, avec Armande Duchillau, fille du comte Duchillau et petite-nièce de Jean-Baptiste Duchilleau, aumônier des reines Marie Leczinska et Marie-Antoinette, évêque de Châlons-sur-Saône, en 1781, archevêque de Tours et pair de France sous la Restauration.

De ce mariage sont nés :

XVI.
1° Christine, décédée en 1848 ;
2° Rodolphe, lieutenant au 4e chasseurs à cheval;
3° Gédéon, sous-officier au 6e chasseurs ;
4° Machabée, sous-officier au 7e chasseurs ;
5° Isabelle.
6° Henri, engagé volontaire aux zouaves ;

## ? IV.

XIV. Aimé-Bonaventure-Benjamin naquit au Langon, le 4 octobre 1775. Il était le dix-septième enfant de François-Germanicus-Bonaventure Maynard, baron du Langon, et de Marie-Bénigne Maynard. Sa vie a été employée tout entière à combattre pour la royauté. Il avait seize ans, lorsqu'il émigra en 1791. Il servit d'abord à l'armée des

princes, dans les hussards de Saxe, puis passa en Angleterre, prit part à l'expédition de Quiberon, et fut du
petit nombre des royalistes que les chaloupes anglaises
tentèrent d'arracher à la mort. Rentré en France, il
épousa, à Luçon, Henriette-Charlotte Baudry-d'Asson,
de cette famille poitevine que nous avons déjà vue alliée
aux Maynard, et qui compte parmi ses membres Antoine
Baudry de Saint-Gilles, l'un des religieux les plus distin-
gués de Port-Royal[1]. M. de Maynard passa dans le sein
de sa famille le temps de l'Empire et de la première Restauration. Les évènements politiques l'arrachèrent à cette
vie calme. Lors du débarquement de l'Empereur en Pro-
vence et de sa marche à travers la France, Benjamin se
rendit à Bordeaux, auprès de M. le duc d'Angoulême, et
reçut de ce Prince l'ordre de favoriser un débarquement
d'armes en Vendée. Arrêté aux environs de Saintes, avec
son domestique, celui-ci sut dérober aux recherches les
lettres importantes que renfermait le portefeuille de son
maître. M. de Maynard fut néanmoins enfermé dans cette
ville, et conduit ensuite à Rochefort, où il fut mis en
liberté.

Lorsque Louis de la Rochejaquelein débarqua en
Vendée, le 16 mai 1815, chargé par le roi de soulever
le pays, le chevalier de Maynard[2] vint le joindre à
Saint-Gilles, avec Frédéric de Bruc, Ludovic Charrette,
Goulaine et plusieurs autres chefs. Il prit part, comme
commandant en second de la division des marais de Saint-
Jean-de-Monts et de Bouin, aux combats de Saint-Gilles
et des Mathes, où Louis de la Rochejaquelein fut tué, et
se distingua par sa valeur dans toutes les actions qui

[1] Dictionnaire de Moreri.
[2] Cretineau-Joly. Histoire de la Vendée militaire, tome IV, page 240.
Paris, 1845.

eurent lieu à cette époque. La seconde Restauration rendit bientôt la paix à la France. Si le mouvement de 1815 n'eut pas la grandeur de la première guerre, n'oublions pas toutefois que quand les plénipotentiaires des puissances coalisées voulurent enlever à la France Charlemont, Condé, Givet et cinq autres places fortes qu'elle avait conquises sous Louis XIV, le duc de Richelieu put leur répondre : « que le principe de la conquête ne pouvait » être appliqué à un pays avec lequel il n'avait pas existé » un état de guerre légalement reconnu. Que Napoléon, » l'ennemi commun, avait fait la guerre aux alliés ainsi » qu'au roi Louis XVIII ; mais que le Roi de France était » toujours resté membre de l'alliance et que le contingent » de quatre-vingt mille hommes qu'il devait fournir » avait même été dépassé par les armées royales de la » Vendée. » Ainsi il était réservé en quelque sorte à la glorieuse Vendée, qui, en 1793, avait voulu arrêter les excès de la Révolution, de sauver le territoire de la France monarchique, compromis par la politique ambitieuse du conquérant.

M. de Maynard fut nommé par ordonnance royale, en date du 20 mars 1816, commandant de la garde nationale de l'arrondissement des Sables. Ici doit trouver place le projet conçu par ce royaliste zélé, qui voulait que les anciennes compagnies des paroisses se reconstituassent sous la forme légale de gardes nationales, s'exerçassent chaque dimanche au maniement des armes et se tinssent prêtes à reformer la grande armée vendéenne, à la moindre commotion qui pût menacer le trône. Etendue à toutes les provinces de l'Ouest, cette organisation assurait à la royauté le concours dévoué de cent mille hommes. L'armée y trouvait un point d'appui, et dès lors disparaissait le danger de voir le sort de la France décidé par un mouvement révolutionnaire à Paris, sous la pression du parti libéral. Le ministère fit échouer le plan conçu par le gentilhomme vendéen. Déjà l'idée de dissoudre la chambre de 1815 et de briser les éléments royalistes de résistance était arrêtée. Le 9 août 1816, M. de Maynard reçut une lettre du comte de Coislin [1], qui commandait le département, et par laquelle ce général, en exécution d'un ordre du Ministre de la guerre, lui demandait, au nom du Roi, de lui faire la remise des canons de la division qu'il commandait en 1815. La lettre de M. de Coislin, qui devait lui-même déplorer cette mesure, est pleine de dignité et d'égards. M. de Maynard refusa et fit cacher les pièces d'artillerie dans le Marais. C'est à ce moment que parut l'ordonnance du 5 septembre. En présence du réveil des passions révolutionnaires, dont cet acte fut le signal, M. de Maynard ordonna aux gardes nationales sous ses ordres de se réunir, le dimanche 8 octobre [2], et se transporta dans plusieurs paroisses pour les passer en revue. Le lendemain, M. de Water, préfet du département, prévenu de cette démarche, interdit toute réunion de la garde nationale, sous quelque prétexte que ce fut. Déjà M. de Maynard avait été désigné au parti libéral pour sa proclamation du 27 septembre [3]; il reçut l'ordre de se rendre à Paris, qui lui fut donné pour prison, et où il fut retenu six mois. Enfin, sur ses demandes réitérées d'être autorisé à retourner en Vendée, il reçut, le 28 avril 1817, une lettre par laquelle M. Laîné, alors ministre de l'intérieur, lui annonçait qu'il allait prendre les ordres du Roi en conseil des ministres [4]. Une seconde

[1] Papiers de la famille.

[2] *Idem.*

[3] M. de Vaulabelle, dans son *Histoire des Deux Restaurations,* tome IV, page 5, Paris, 1847, rapporte la proclamation de M. de Maynard, en lui donnant à tort la date de 1815.

[4] Papiers de la famille.

lettre, en date du 9 mai [1], lui apprit qu'il allait être statué sur sa demande. En effet, quelques jours après, l'autorisation de rentrer dans ses foyers lui fut accordée.

Benjamin de Maynard reçut, le 6 novembre 1822, la croix de chevalier de Saint-Louis, et fut nommé maire de la ville de Luçon, en 1827. En 1832, son fils et lui prirent les armes, lorsque M^me la duchesse de Berry vint tenter un soulèvement en Vendée, dans la prévision, partagée alors par toute l'Europe, que le pouvoir issu de la Révolution de Juillet, battu sans relâche en brèche par le parti républicain, allait laisser par sa chute la France sans gouvernement monarchique. Le 23 mai, veille du jour fixé d'abord par la Princesse pour la prise d'armes, le chevalier de Maynard ayant ordonné à quelques-uns de ses amis de se transporter aux environs du Champ-Saint-Père, où était assigné le rendez-vous de la division formée dans la banlieue de Luçon, et dont il devait avoir le commandement, ceux-ci furent attaqués au Port de la Claye par un sous-officier du 17e léger, nommé Fréron, et un simple soldat du même régiment, qui donnèrent l'alarme et firent avorter le plan de campagne [2]. Ce sont les premiers coups de fusils qui furent tirés en 1832.

M. de Maynard prit part aux divers engagements qui suivirent et fut mis hors la loi avec son fils. Tous deux restèrent pendant six semaines cachés dans les bois qui entourent Chavagnes, et parvinrent à gagner Poitiers, en voyageant la nuit. Là, ils se procurèrent de faux passeports, avec lesquels ils traversèrent la France et atteignirent Luxembourg. Après avoir séjourné en Allemagne et en Suisse, ils allèrent à Prague rendre leurs hommages à la famille royale exilée.

[1] Papiers de la famille.

[2] M. Cretineau-Joly, dans sa *Vendée militaire*, donne des détails fort inexacts sur cette rencontre.

Sur ces entrefaites, le père et le fils avaient été condamnés à mort par contumace. Le jugement rendu contre eux fut cassé par la cour de Bourges, en 1837.

Le chevalier Benjamin de Maynard a échangé depuis lors l'épée contre la charrue, et, retiré dans son habitation patriarchale et hospitalière de la Maison-Rouge, il offre aux jeunes générations le type accompli du vieux gentilhomme vendéen.

Il a eu de son mariage avec Henriette Baudry d'Asson :

XV. Charles-Benjamin, né le 16 octobre 1809, entré aux pages le 2 octobre 1827, marié en 1837 à Gabrielle-Céline des Prades, dont :

XVI. { 1° Stanislas;
     { 2° Gabrielle.

## § V.

## DEUXIÈME BRANCHE.

### COMTES DE MESNARD.

X. Louis Mesnard, chevalier, seigneur des Gazons, de la Barottière, depuis la transaction du 25 février 1683 [1], second fils de Christophe, chevalier, seigneur de la Vergne-Péault, de la Vergne-Cornet, de la Barottière, des Gazons et autres lieux, et de dame Catherine Gallier-Garnier, fit hommage, le 17 août 1673, de sa châtellenie de la Barottière, relevant de la baronnie de Montaigu, et en fournit le dénombrement le 15 septembre 1677. Il avait épousé, le 2 octobre 1665, par contrat passé devant

_____

[1] Voir à la branche aînée l'article Jean Maynard.

P. Seicher et L. Crespeau, notaires, aux Herbiers, Marie
de la Haye-Montbault, fille de feu Louis de la Haye-
Montbault, chevalier, seigneur des Herbiers et de la
Godelinière, et de Noële de la Ville de Férolles[1]. Ses
enfants furent :

    1° Christophe, chevalier, seigneur de la Barottière
    et des Gazons, qui eut de Jeanne Gastinaire :
    Jean-Louis, chevalier, qui assista, le 21 mai
    1764, à la signature du contrat de mariage
    d'Alexandre-Bonaventure, comte de Mesnard,
    son neveu à la mode de Bretagne[2], et mourut
    sans postérité;

    2° Marc, décédé avant 1743;

    3° Alexandre qui suit;

    4° Jean; 5° Gabriel; 6° Marie; 7° Louise; 8° Mar-
    guerite. Ces cinq derniers sont rappelés comme
    défunts dans un partage, fait le 5 mars 1743,
    entre Jean-Louis Mesnard, chevalier, seigneur
    de la Barottière, Alexandre Mesnard, chevalier,
    seigneur de Chasnay, et François-Florent Du-
    chesne, chevalier, seigneur de Denant, époux
    de dame Marie-Jacqueline Mesnard[3].

XI. Alexandre, chevalier, seigneur de la Godelinière, des
    Voureils, de Chasnay et autres lieux, né à la Barottière,
    le 19 mars 1677, épousa, avec dispense du pape du
    13 avril 1701, et par contrat passé le 13 mai, devant
    Pellon et Prévereau, Marie-Jacqueline Foucher, dame de
    Sainte-Flaive, veuve de Jean Maynard, chevalier, seigneur

---

[1] Preuves de cour faites devant M. Chérin, janvier 1772. — *(Bibliothèque impériale)*. De Courcelles. — Histoire des Pairs de France,
tome II.

[2] De Courcelles.

[3] Preuves de cour. — De Courcelles.

en partie de la Barottière, son cousin-germain. Alexandre
fut maintenu dans sa noblesse par M. de Richebourg,
intendant du Poitou, le 27 juillet 1715. Il laissa de son
mariage :

    1° Alexandre, dont l'article suit;

    2° Marie-Jacqueline, mariée d'abord avec Fran-
       çois-Florent Duchesne, chevalier, seigneur du
       Mesnil et de Denant[1], et, en secondes noces,
       avec Dominique de Jouin, gentilhomme du duc
       d'Orléans, capitaine au régiment de cavalerie
       de Chabrillant.

XII. Alexandre, chevalier, seigneur de Chasnay, des Vou-
reils et autres lieux, capitaine au régiment de l'Ile de
France (infanterie), partagea la succession paternelle
avec sa sœur, le 26 août 1732, et passa avec elle une
transaction au sujet de différends qui s'étaient élevés entre
eux relativement à ce partage, le 25 avril 1744. Alexandre
Mesnard acquit d'Anne-Renée de Bessay, veuve de Louis
de la Roche-Saint-André, chevalier, seigneur de Lespinay,
les terres seigneuriales des Ardias, de la Privoisière et
des Juraires. Le 24 juin 1758, il reçut du maréchal de
Senneterre des lettres de convocation au ban de la noblesse
de Poitou, pour se rendre en armes sur les côtes de Sain-
tonge et du pays d'Aunys, que les Anglais menaçaient. Il
avait épousé en premières noces Anne Surineau, dont il
n'eut point d'enfants, et en secondes, par contrat passé
devant Esnard, notaire de la Châtellenie du Lieudieu, le
16 juin 1733[2], Marie-Madeleine Buor de la Voy[3], fille de
Gabriel Buor de la Voy, chevalier, seigneur de la Gobi-

---

[1] De Courcelles.

[2] Preuves de Cour.

[3] Ce nom de la *Voy*, ou plutôt de la *Voie*, doit indiquer qu'il y avait
une ancienne route en ce lieu, remontant peut-être à l'époque gallo-
romaine.

nière, et de Madeleine Thomas de la Forestrie. Alexandre
eut de sa dernière femme :

      1° Alexandre-Bonaventure, dont l'article suit ;
      2° Louis.

XIII. Alexandre-Bonaventure, chevalier, comte de Mesnard,
seigneur de la Barottière, les Ardias, Chasnay et autres
lieux, commandeur de Saint-Lazare, chevalier de Saint-
Louis, né le 8 mai 1734. Reçu page de la grande écurie
en 1751, il fut ensuite capitaine au régiment royal-cava-
lerie, avec le rang de lieutenant-colonel, fit toutes les
campagnes de la guerre de sept ans, se trouva en 1758
aux batailles de Crevelt et de Lutzelberg, où il fut blessé,
et combattit en 1760 à celle de Corback; obtint, par lettres-
patentes de décembre 1766, l'érection en Comté, sous le
nom de *comté de Mesnard*, de sa terre de la Barottière;
fut nommé gentilhomme de la chambre du comte de Pro-
vence, le 4 janvier 1772; fit ses preuves pour monter
dans les carrosses du roi devant M. Chérin [1], fut breveté
mestre de camp de cavalerie, le 9 juin 1772. Nommé
capitaine des gardes de la porte de Monsieur (1er mai
1777); il émigra en 1791, et remplit à Coblentz les fonctions d'adjudant-général. Il y mourut en mai 1792.

Il avait épousé, par contrat passé devant Lasnonnier,
notaire des baronnies de Mareuil et de la Vieille-Tour, le
24 mai 1764, Marie-Elisabeth de la Boucherie du Margat,
fille de N. de la Boucherie du Margat, écuyer, et de dame
Marie-Charlotte de la Ville de Férolles, veuve de Jacques-Germanicus Maynard, chevalier, seigneur de Passy.
De ce mariage sont issus [2] :

      1° Marie-Antoine-Alexandre-Dieudonné-Edouard,
        comte de Mesnard, capitaine-colonel en survi-

---

[1] Preuves de Cour de Chérin. (*Bibliothèque impériale*).
[2] De Courcelles.

vance des gardes de la porte de Monsieur, arrêté à Paris, à la suite du 18 fructidor, et condamné à mort, comme émigré rentré, par une commission militaire. Conduit dans la plaine de Grenelle, le 12 octobre 1797, il y reçut la mort sans pâlir. L'*Echo de l'Europe* du 19 octobre 1797, rend compte de sa fin courageuse. Marié à Louise-Joséphine de Caumont-la-Force, sœur du duc de la Force et de la célèbre M^me de Balbi; il eut pour enfants[1] :

> 1° Ladislas, mort en Russie;
>
> 2° Zénobie - Joséphine - Alexandre, qui épousa, en 1808, Hilarion-Gabriel-Amédée Louis, marquis de Lordat, d'une des plus anciennes maisons du Midi.

2° Louis-Charles-Bonaventure-Pierre qui suit;

3° Marie-Bénigne-Eléonore-Désirée, mariée à Pierre-Honoré-Victor de Conrard de Mahé.

XIV. Louis-Charles-Bonaventure-Pierre, comte de Mesnard, né à Luçon, le 18 septembre 1769, fut reçu en minorité chevalier de Malte, le 21 août 1774, entra à l'école de Brienne, où il eut des relations assez intimes avec le futur Empereur des Français, alors son condisciple. Sous-lieutenant aux carabiniers en 1786, il fut présenté au Roi et admis à monter dans ses carrosses; lieutenant de remplacement dans le régiment de Conti-dragons, puis capitaine au même titre, 1789, il se trouvait à Paris lors de la fuite de Louis XVI. Arrêté dans cette circonstance, puis relâché bientôt après, il rejoignit l'armée des princes à Coblentz, fit la campagne de 1792 dans les gardes-du-corps du Roi,

----

[1] De Courcelles.

et, à l'époque du licenciement, se retira en Angleterre, où il reçut des secours de lord Maynard, chef d'une ancienne famille anglaise élevée à la pairie en 1766, et issue d'un Maynard, figurant parmi les chevaliers qui suivirent Guillaume, duc de Normandie, lors de sa descente en Angleterre. Plusieurs généalogistes ont rattaché cette famille aux Maynard du Poitou. Quelque soit le degré de vraisemblance que l'on puisse fonder sur cette assertion, également honorable pour les deux familles, la noble conduite de lord Maynard et les services qu'il rendit à la famille émigrée ont uni les deux maisons par les liens sacrés de la reconnaissance. Mais le comte de Mesnard eut à cœur de chercher des ressources dans son propre travail, et, ne voulant pas abuser d'une généreuse hospitalité, il se mit à copier de la musique et à dessiner des cartes de géographie, dont la vente l'aida dans les besoins de l'exil. Nommé capitaine du régiment au service de la Grande-Bretagne, commandé par le comte de Périgord, il rejoignit ce régiment en Hollande, dans le rigoureux hiver de 1794 à 1795, et revint bientôt en Angleterre pour recruter les Français qui devaient composer sa compagnie. Il fit alors partie de l'expédition de l'Ile-Dieu et retourna en Angleterre après qu'elle eut échoué. Lors du licenciement du régiment de Périgord, M. de Mesnard tenta en vain d'aller aux Indes; mais ayant trouvé trop d'obstacles à la réalisation de ce projet, il quitta l'Angleterre en 1797, voyagea en Europe, et, en 1800, fut appelé auprès de la Reine, femme de Louis XVIII, jusqu'en 1802, époque à laquelle il put rentrer en France, où ses anciennes relations avec Bonaparte lui ouvraient une brillante carrière; mais il fallait prêter un serment qui lui répugnait, il renonça donc à revoir sa patrie, alla à Londres, et eut l'honneur d'être admis dans l'intimité du duc de Berry. Marié en 1806 à Miss Sarah Mason, d'une ancienne

famille du Shrewsbury, et veuve du major-général anglais
Blondell; il habita la campagne jusqu'en 1813. Cette
année-là, il accompagna le duc de Berry à Jersey et
ensuite à Cherbourg, où il fut chargé par le prince d'une
mission de confiance près de Joséphine.

A la Restauration, M. de Mesnard reçut le brevet de
colonel, fut nommé chevalier de Saint-Louis, aide-de-
camp et gentilhomme d'honneur de M. le duc de Berry.
En 1815, il suivit le Roi à Gand et remplit un rôle important près de Wellington, qui le chargea de communications pour le duc de Berry et pour le duc de Feltre.

En 1816, M. de Mesnard fut nommé premier écuyer
de Mᵐᵉ la duchesse de Berry, qu'il alla recevoir à Mar-
seille. Attaché à l'inspection de la première division
militaire en 1816 et 1818, commandant du département
d'Eure-et-Loir, en 1820, il était aux côtés du duc
de Berry lors de l'assassinat du prince, qui lui remit le
poignard arraché tout sanglant de sa poitrine.

A la naissance du duc de Bordeaux, M. de Mesnard fut
attaché au jeune enfant en qualité d'aide-de-camp et fut
nommé commandeur de la Légion-d'Honneur, gouverneur
du château de Rosny, et plus tard (1823), commandeur
de Saint-Louis et pair de France, avec un majorat de
12,000 francs. Le Roi de Naples le nomma chevalier-
grand'croix de Saint-Constantin (1824) et grand'croix de
l'ordre de Saint-Ferdinand (1825). De son côté, Charles X
lui conféra, le 3 juin 1827, le cordon bleu. Choisi pour
être président du deuxième collége électoral de la Vendée,
il remplit ses fonctions avec une haute impartialité. En
1828 et 1829, il accompagna Mᵐᵉ la duchesse de Berry
dans les voyages qu'elle fit dans l'Ouest et dans le Midi de
la France. En juillet 1830, absent de la Cour, il la rejoignit aussitôt à Rambouillet, s'embarqua avec elle à

Cherbourg et reçut la mission, à son arrivée à Londres, de la part des ministres du Roi d'Angleterre, de remettre à Charles X une lettre de ce souverain.

Après avoir repris ses fonctions auprès de la duchesse de Berry, il l'accompagna encore dans ses divers voyages, et, investi de toute sa confiance, que lui avaient méritée son dévouement à la famille royale et sa vieille expérience (le comte de Mesnard avait 62 ans en 1831), fut chargé de liquider ses dettes et de prendre des arrangements pour la terre de Rosny. Il suivit Madame en Hollande, en Italie, et, lors de la tentative faite par la Princesse en France, en 1832, il fut arrêté à Nantes avec elle, au moment où ses sages conseils venaient de la déterminer à quitter le sol français.

Conduit à Blaye, puis à Montbrison, il fut acquitté par le jury sur la belle plaidoirie de Me Hennequin. Aussitôt sa mise en liberté, il sollicita du conseil des ministres la faveur d'aller reprendre ses fonctions auprès de la prisonnière de Blaye, ce qu'il obtint, grâce à dé nombreuses démarches et non sans qu'on opposât à la réalisation de son dessein de grandes difficultés qui font peu d'honneur au gouvernement d'alors. La correspondance qu'il entretint à ce sujet avec le maréchal Soult, président du conseil, est pleine de confiance et de dignité.

A la sortie de Blaye, M. de Mesnard se rendit avec Madame en Italie, et, à la suite d'un voyage à Rome et à Florence, la Princesse l'envoya en Angleterre et en France régler tous les intérêts qu'elle y avait laissés, et vendre, pour acquitter ses dettes, les objets et les livres précieux qui lui appartenaient.

Rentré dans sa famille avec l'autorisation de Madame, le comte de Mesnard vit la fin de ses jours empoisonnée par la perte d'une fille qu'il chérissait. Il termina lui-même sa carrière le 15 avril 1842.

Nous reproduisons ici ses armes entourées des insignes des principales dignités dont il a été revêtu.

Nous terminerons cette notice par un trait de la vie parlementaire du comte de Mesnard. Il s'agissait de trois membres de la chambre des pairs sur lesquels planait une accusation fâcheuse, à l'occasion des marchés scandaleux d'Ouvrard, et l'on concluait à ce qu'il ne fût pas donné suite à l'affaire. M. de Mesnard, se prononça au contraire pour un plus ample informé, et protesta des regrets qu'il éprouverait, si lui, pair de France, était mis hors de Cour, comme le ministère voulait qu'on le fît en faveur du duc de Bellune et des généraux Guilleminot et Bourdesoulle, qui devaient tenir à ce que pas un seul de leurs collègues doutât de leur innocence.........[1].

Il avait eu de son mariage avec Miss Sarah Mason, décédée à Paris, en mars 1856 :

    1° Charles-Ferdinand-Windsor, qui suit :

    2° Elisabeth-Aglaé, née en Angleterre, le 17 avril 1817, mariée en 1835, à Ludovic Le Pelletier, comte de Rosambo, fils du marquis de Rosambo, pair de France, et d'Henriette d'Andlau, décédée en 1837.

XV. Charles-Ferdinand-Windsor, comte de Mesnard, né en Angleterre, le 31 mai 1809, ancien page de Charles X, marié à Flora de Bellissen, fille du marquis de Bellissen et de M^lle de la Gallissonnière, petite-fille de l'illustre amiral de ce nom, dont :

XVI. Caroline, tenue sur les fonds baptismaux par LL. MM. le Roi et la Reine de Naples.

§ VI.

## TROISIÈME BRANCHE.

### SEIGNEURS DE LA CLAYE.

X. Gabriel Maynard, chevalier, seigneur des Deffends, cinquième fils de Christophe et de dame Catherine Gallier-Garnier, fut présenté pour être reçu dans l'ordre de Malte[2], le 23 juillet 1657. Il épousa, par contrat passé

---

[1] Beauchet-Filleau, *Dictionnaire des familles de l'ancien Poitou.*
[2] De Courcelles.

devant Bourdeau et Landriau, notaires de la baronnie
de Luçon, le 13 novembre 1668, Renée Taillefer-de-
Montausier, fille de feu Jacques Taillefer-de-Montausier,
chevalier, seigneur de la Charroulière, les Chasteigners,
la Claye et autres lieux, et de dame Renée Huyllard, alors
veuve en secondes noces de François Maynard, seigneur
de la Barottière [1]. Gabriel Maynard prit part à la transaction du 25 février 1683. Il eut de son mariage :

    1° Christophe qui suit ;

    2° Louis, écuyer, seigneur de Loulerie, marié, le
        8 janvier 1708, à Charlotte-Julie Gourdeau,
        dont il n'eut point d'enfants. Il figure avec le
        baron du Gué-Sainte-Flaive, son neveu à la
        mode de Bretagne, sur l'ordre de bataille du
        ban de la noblesse du Bas-Poitou, convoquée à
        Fontenay par le maréchal de Chamilly, en vertu
        de lettres datées de la Rochelle, le 8 mai 1703.
        Cette réunion fut l'une des plus nombreuses qui
        eussent eu lieu depuis longtemps. Elle se com-
        posa de deux cents gentilshommes, divisés par
        escadron de cinquante chacun. Comme il s'agis-
        sait de résister à une descente des Anglais, ces
        quatre escadrons furent divisés ainsi qu'il suit :
        1° escadron tiré de l'élection de Fontenay, des-
        tiné à prendre garnison à Talmond ; 2° escadron
        tiré de la même élection, destiné à aller à Luçon ;
        3° escadron de l'élection des Sables-d'Olonne,
        destiné à Beauvoir-sur-Mer ; 4° escadron de
        l'élection de Mauléon, destiné à prendre garnison
        à Challans. Le ban de la noblesse du Haut-
        Poitou avait été en même temps convoqué à
        Niort [2] ;

[1] D'Hozier. Preuves des pages.
[2] Papiers de la famille.

3° Gabriel, écuyer, seigneur de la Claye, mort sans alliance [1] ;

4° Catherine [2].

XI. Christophe, chevalier, seigneur de la Claye, adressa, le 5 janvier 1695, une sommation à sa mère, alors veuve, à l'effet de la faire consentir à son union avec demoiselle Jeanne Citoys, qu'il recherchait en mariage depuis un an, et qu'il épousa, malgré sa défense formelle, le 8 janvier 1695, par contrat passé devant Pierre Guillemart et Arnauld, notaires à Luçon. Jeanne Citoys était fille de feu Pierre Citoys, écuyer, seigneur de la Touche, et de dame Catherine du Breuil. De ce mariage naquirent :

1° Charles qui suit ;

2° Christophe,

3° Jeanne, } sans alliance.

XII. Charles, chevalier, seigneur de la Claye, fut maintenu dans sa noblesse, le 15 janvier 1716, avec Christophe et Jeanne, ses frère et sœur, et avec Louis Maynard, écuyer, seigneur de Loulerie, son oncle, sur la production de ses titres faite par Charles Citoys, écuyer, seigneur de la Touche, son oncle maternel, chargé de sa tutelle et curatelle, devant M. Quantin de Richebourg, intendant du Roi à Poitiers. Pendant sa jeunesse[3], il arriva à Charles Maynard une aventure fâcheuse, dont sa famille eut le crédit d'arrêter les conséquences qui pouvaient être fort graves pour lui. Se trouvant dans une auberge de Mareuil, un jour de foire, en compagnie de quelques gentilshommes du pays, réunion dans laquelle la sobriété n'avait pas été rigoureusement observée, il se prit de querelle avec le sieur Robert de la Pacaudière, à propos de

---

[1] D'Hozier. Preuves des pages. — *Bibliothèque impériale.*

[2] *Idem.*

[3] Preuves des pages.

quelques louis engagés au jeu, et tua d'un coup d'épéc ce dernier qui s'était jeté sur lui pour le percer de la sienne. L'affaire fit bruit; mais, enfin, intervinrent des lettres de rémission, données par le conseil de Régence de Louis XV, au mois de janvier 1720, qui coupèrent court à toutes poursuites, en déclarant que Charles avait tué son adversaire dans un cas de légitime défense [1].

Charles Maynard épousa, le 4 février 1722, par contrat passé devant Etienne Rousseau et René-Louis Chatevère, notaires, à Luçon, Marie-Françoise Desprez, fille de feu Alexandre Desprez, chevalier, et de dame Françoise Schillicher. De ce mariage sont issus [2] :

1° Charles-Guy, qui suit;
2° Marie-Charlotte,
3° Jeanne-Charlotte,   } sans alliance.

XIII. Charles-Guy, chevalier, seigneur de la Claye, page de la grande écurie sous Louis XV, était capitaine au régiment de Berry, quand il se maria à Luçon, le 4 février 1763, avec Marie-Anne-Jacquette Valleau du Ryvage, fille de Pierre Valleau, chevalier, seigneur du Ryvage, et de dame Hyacinthe de Béthune. De ce mariage naquirent :

1° Bonaventure-Marie-Charles-Pierre-Joseph, qui suit ;
2° N., femme de Charles Mulon [3].

XIV. Bonaventure-Marie-Charles-Pierre-Joseph, chevalier de Saint-Louis, servit aux chasseurs nobles de l'armée des Princes, et fut membre du conseil général de la Vendée, sous la Restauration. Il avait épousé, le 23 octobre 1802, par contrat passé devant Guillet et Bertrand, notaires, à Nantes, Victorine-Mélanie-Justine Daubenton,

---

[1] Papiers de la famille.
[2] Preuves des pages.
[3] Papiers de la famille.

fille de feu Marcel-Ambroise Daubenton, ancien brigadier des armées du Roi, et de dame Marie-Marthe-Claire de Lory, et parente de Louis–Jean–Marie Daubenton, savant naturaliste et anatomiste, collaborateur de Buffon.

M. de la Claye, homme intelligent, aimait à raconter comment il avait vécu, pendant l'émigration, du travail de ses mains, mettant à profit le goût qu'il avait professé, dans sa jeunesse, pour la menuiserie, qui lui avait été enseignée par un vieil artisan, voisin de la maison de son père. Grâce à cette industrie, il avait pu, disait-il, avec un juste orgueil, se passer du secours de tout le monde et vivre honorablement sans rien devoir à personne. Rentré dans sa patrie, il conserva toute sa vie le besoin d'activité qui l'avait distingué dans sa jeunesse. Aussi le vit-on s'occuper d'agriculture et donner tous ses soins à la direction de la Société formée entre les propriétaires des marais considérables qui bordent le cours du Lay, au bas de la Claye. Les archives de cette société témoignent de toute la conscience et de la sollicitude qu'il apporta dans la gestion des intérêts de ses voisins. Il eut de son mariage :

1º Charles-Joseph-Auguste, qui continue la descendance;

2º Charles-Bonaventure ;

3º Armand-Bonaventure, marié, le 26 octobre 1850, à Berthe Chevalier de la Petite-Rivière.

De ce mariage :

1º Henri ;

2º Marie-Gabrielle.

4º Marie, femme d'Adolphe Morisson de la Bassetière, fils de Constant Morisson de la Bassetière, aide-major-général de la division de Georges Cadoudal.

XV. Charles-Joseph-Auguste, marié, le 12 avril 1826, à Louise-Marguerite-Adélaïde Chantreau, fille de Paul Chantreau, chef divisionnaire de l'armée vendéenne, fait sous la Restauration maréchal-de-camp en récompense de ses services, et de N. Poictevin de la Rochette. De ce mariage sont nés :

    1° Auguste ;

    2° Marie, épouse de Roger Dehillerin, fils de Georges Dehillerin et d'Alexandrine de Mouillebert ;

    3° Augustine.

## § VII.

## QUATRIÈME BRANCHE.

### SEIGNEURS DE DIGNECHIEN [1].

V. Jean Mainart, écuyer, seigneur de Dignechin, et en partie de la Cornetière, second fils de Tristan Mainard et de Mathurine Prévost, dame de Dignechin, servit, avec ses frères, à l'arrière-ban du Poitou, en 1491 *(rôles imprimés)*. Les preuves de René et Claude de Liniers, reçus chevaliers de Malte, en 1577, apprennent que Jean Mainard épousa Françoise d'Ervy, de laquelle il laissa, entr'autres enfants :

    1° Jacques, dont l'article suit ;

    2° Marie, femme de François Guindron, sieur de Puyregnard, (fils de Jean Guindron, seigneur

---

[1] On écrit aujourd'hui par altération : *Dinchin.*

de la Guindronnière, et de Jeanne Bigot), et ensuite de Jehan Tindo. Il est possible cependant que celui-ci ait été son premier époux.

VI. Jacques, écuyer, seigneur de Dignechin et en partie de la Cornetière, fut du nombre des gentilshommes du bailliage de Fontenay qui comparurent en armes à l'arrière-ban convoqué en 1553. Les preuves de Louis Robin de la Tremblaye, reçu chevalier de Malte, le 23 juin 1623, rappellent son mariage avec Marguerite de Marveillau [1], de laquelle il eut, entr'autres enfants :

    1° Gilles, dont l'article suit ;

    2° Jacques, dont on ignore la destinée.

VII. Gilles, écuyer, seigneur de Dignechin, de la Bertaudière et en partie de la Cornetière, épousa 1° Renée de Beaumont, fille de René de Beaumont [2], écuyer, seigneur de la Couraizière, et de Marie Audayer. Il est dit veuf dans une sentence du 17 juillet 1560. (*Recueil de D. Fonteneau, XVIe siècle, page 563*); 2° Philippe Prévost, dame de l'Eschallardière et de la Bertaudière.

Jacques transigea, le 15 mars 1549, avec Pierre Levenier, son beau-frère, au sujet de droits qu'ils possédaient par indivis sur certains petits fiefs situés dans les paroisses de Pouzauges, Réaumur, Mouilleron, &c. Ses enfants furent :

    Du premier lit :

    1° Tristan onze, dont l'article suit,

    Du second lit :

    2° Claude, écuyer, seigneur de la Bertaudière, marié, le 15 juillet 1584, avec Jeanne Maynard,

---

[1] Les Marveillau portaient : *d'azur à la fasce d'or accompagnée de trois molettes d'éperon d'argent.*

[2] Plusieurs familles du Poitou ou des provinces voisines ayant porté le nom de Beaumont, il nous a été impossible de dire à laquelle appartenaient ceux qui s'allièrent à la nôtre.

sa cousine, fille de feu François Maynard, écuyer, seigneur de la Vergne de Péault, et de Jeanne Mauclerc, il fut un des ancêtres de Louis Mesnard, chevalier, seigneur de Loulerie et de la Bertaudière, vivant le 14 janvier 1725, dont nous n'avons pu nous procurer la filiation suivie;

3° Catherine, femme de Pierre Levenier.

VIII. Tristan, écuyer, seigneur de Dignechin, de la Châlonnière, de la Cornetière et du Pas, en partie, épousa Louise Le Lardeux[1], dame de la Buffière, fille de Louis Le Lardeux, écuyer, seigneur de la Châlonnière, et de Renée Prévost de la Robellinière. Tristan lui donna procuration, le 3 juillet 1564, pour faire, à la Cour de la Maurière, l'hommage de la seigneurie de Buffière. Il vivait encore le 15 juillet 1584, et laissa de Louise Le Lardeux, entr'autres enfants :

1° David, écuyer, seigneur de Dignechin, nommé dans un aveu de la baronnie de Puybelliard et de la châtellenie de Chantonnay, rendu à Claude de la Trémoille, duc de Thouars, le 21 juin 1604;

2° Christin, écuyer, seigneur de Dignechin, qui fournit l'aveu de sa métairie de la Boulaye, à la baronnie de Bressuire, le 29 mars 1605;

3° Marie, dame de la Cornetière et de la Bourgerie, vivante le 3 avril 1605;

4° Madeleine, mariée le 24 juillet 1596; avec René-Jacques Robin, chevalier, seigneur de la Tremblaye, gouverneur de Mortagne, fils de Robert Robin, seigneur de la Tremblaye, chevalier de l'ordre du Roi, lieutenant d'une compagnie de cinquante hommes d'armes des

[1] Le Lardeux : *d'argent à deux fasces de gueules.*

ordonnances, capitaine du château de Mortagne, puis maître des eaux et forêts du Perche, et de Marguerite Voyer de Paulmy, sa première femme.

De cette branche existait encore, en 1665, Jacques Mesnard, écuyer, seigneur de la Couroizière.

# VI

Arrivés à la fin de cette notice généalogique, il nous reste à jeter un coup-d'œil rétrospectif sur l'ensemble des faits qui y sont consignés, et à en tirer quelques considérations générales, applicables à la noblesse d'arrière-fief du Poitou tout entière. Nous utiliserons également, dans ce résumé, ce qui ressort des notes sur les familles alliées aux Maynard placées à la suite.

Constatons d'abord qu'une source de renseignements d'un incontestable intérêt a été trop souvent négligée : celle qui découle de l'étude des archives privées. Si l'on veut s'édifier sur la formation et la marche progressive ou descendante des diverses classes de la société, il est cependant nécessaire, nous dirons même indispensable, de s'y arrêter. Il est bien rare que la filiation de la plus humble famille ne fournisse pas quelque enseignement précieux, à plus forte raison en sera-t-il ainsi du dépouillement des titres des maisons nobles ou plébéiennes, qui ont mis la main dans les événements accomplis depuis quatre à cinq siècles. Telle généalogie, consciencieusement faite, en dit plus sur certains points controversés de l'ancienne organisation sociale de la France qu'une foule de mémoires presque toujours peu concluants.

Notre but, en publiant cet essai, a été surtout de fournir une preuve de ce que nous venons d'avancer, tout en montrant quel a été en général, depuis les commencements de la féodalité, l'état de la noblesse secondaire d'origine chevaleresque. Jusqu'ici on n'a pas réellement tenté, selon nous, de jeter un jour complet sur la vraie situation de cette portion de la classe militaire, portion si nombreuse, qu'elle en était la base et l'élément vital. Liée au sol sur lequel elle avait pris naissance, elle s'y était incorporée au point de ne jamais sortir de ses foyers, surtout aux XII<sup>e</sup> et XIII<sup>e</sup> siècles, à moins d'être appelée, soit à faire un voyage de la Terre-Sainte à la suite de Louis VII, de Richard-Cœur-de-Lion ou d'Alphonse, frère de Saint-Louis, soit à marcher vers le midi du royaume, sous les ordres de Savary de Mauléon, le vaillant troubadour.

Pendant le XIV<sup>e</sup> siècle, même façon d'agir, du moins de la part de la noblesse bas-poitevine : seulement le temps des croisade est passé ; toute l'activité se porte vers la guerre anglo-française, lutte horrible, fratricide, qui eut le double caractère des guerres civiles et nationales. A cette époque, l'idée de la patrie n'était pas encore bien définie, et le devoir féodal servait de seul guide ; il n'y a, par conséquent, rien d'étonnant à ce que nous trouvions alors les Maynard dans les rangs anglais, et l'un d'eux capitaine de Mareuil au nom du Prince-Noir. Cinquante ans après, mieux instruits de leurs vrais devoirs, les membres de la famille se rangeaient sous la bannière royale de France, pour ne plus la quitter.

Les guerres du XIV<sup>e</sup> siècle marquent chez nous le point de décadence de l'institution de la chevalerie. Rien ne peint mieux les diverses transformations par lesquelles elle passa, avant de s'éteindre, que la généalogie des Boutou, seigneurs de la Baugisière, donnée plus loin. On y remarque, en effet, que les personnages formant les premiers degrés de la filiation suivie, depuis le milieu du XIII<sup>e</sup> siècle jusqu'au milieu du XIV<sup>e</sup>, prennent, dans tous les actes publics, le titre de *chevalier*, tandis que, pendant une cinquantaine d'années, à dater de ce moment, ils ne se qualifient plus que *valets* ou *écuyers*, ce qui était la même chose. Viennent ensuite trois nouveaux degrés de *chevalerie* ; puis, sous les règnes qui se succèdent depuis François I<sup>er</sup> jusqu'à Louis XIII, on ne compte que des *écuyers*, et, enfin, la série des *chevaliers*

reparait, pour se continuer jusqu'à l'extinction de la race,
qui précéda seulement la Révolution de quelques années.
C'est, en résumé, l'histoire de la chevalerie, à partir de
Saint-Louis. Comme elle brillait encore d'un dernier lustre
sous ce grand prince et ses premiers successeurs, les gentilshommes tenaient à honneur de s'y faire affilier ; déchue
sous les Valois de son ancien éclat, on ne vit plus le même
empressement à chausser l'éperon, d'autant plus qu'à l'abri
des désordres inséparables des grandes crises, une foule
d'aventuriers et de bandits, souvent de haute naissance,
revendiquaient les prérogatives réservées jusqu'alors aux
seuls preux. Il fallut, pour raviver, en les épurant, les traditions de cet ordre, entouré jadis de tant de gloire, le grand
mouvement national provoqué par Jeanne-d'Arc, *la fleur
céleste de toute chevalerie*. Encore cela n'eut lieu que dans les
cantons où les chefs de l'aristocratie donnèrent, comme
Artur de Richemond, l'exemple à leurs vassaux. Bientôt
après, ces coutumes tombèrent de nouveau en désuétude
pour disparaître enfin sous Henri IV et Louis XIII, juste au
moment où tous ceux qui prétendaient à une origine chevaleresque ou à une noblesse rehaussée de quelqu'éclat prirent
l'habitude, à leur majorité, de se qualifier *chevaliers*, sans
que cela tirât autrement à conséquence.

La filiation des Maynard nous fournit à peu près, à ce
sujet, les mêmes indications, et celles de bien d'autres
familles offriraient un tableau semblable.

La décadence de la grande féodalité marcha parallèlement
avec celle de la chevalerie. Le nombre des maisons de la
haute noblesse que dévora la lutte anglo-française fut vraiment inoui. Il fut tel, que, dès la seconde moitié du
XIVe siècle, commencèrent à apparaître, çà et là, au premier
rang des noms nouveaux, qui, jusqu'alors, étaient demeurés
confondus dans la classe militaire de second ordre. Pour
nous en tenir au Poitou, nous citerons entr'autres les Rou-

hault, petits gentilshommes des environs de Pouzauges, dont est issu Tristan, seigneur de Boisménart, devenu vicomte de Thouars, par son mariage avec Péronnelle, héritière de cet immense vicomté, et Joachim, seigneur de Gamaches, maréchal de France sous Louis XI ; et surtout les La Trémoille, famille de simples chevaliers des confins du Poitou et de la Marche, qui surgit tout-à-coup sous Charles V, et qui, grâce à de riches alliances et à des faveurs de cours, arriva, en peu d'années, à l'une des positions les plus élevées du royaume, où elle sut se maintenir pendant quatre siècles. Les Gouffier durent leur avancement à des considérations de même nature.

Les hasards de la fortune, le courage, la transformation opérée insensiblement dans les idées, et, par contre-coup, dans la société, concouraient à pousser vers les hautes régions une foule d'hommes qui tenaient, par leurs ancêtres, aux couches intermédiaires. De son côté, la bourgeoisie se faisait place et pesait déjà sur les destinées du royaume. L'élément principal de l'administration de Charles VII fut presque exclusivement bourgeois. Louis XI fit plus encore : il fut le roi des gens de moyen-état, comme l'a très bien dit Philippe de Commynes. Cependant la portion de la noblesse, demeurée fidèle à la royauté, n'eut qu'à se féliciter du règne de ce sombre et profond politique qui ne se montra jamais ingrat envers ses loyaux serviteurs, et sut toujours, à l'occasion, récompenser les services rendus à la couronne. Il fut guidé par un motif de cette nature, lorsqu'il nomma Tristan Mainard capitaine du château de Talmond, et alla séjourner à Dignechien, chez son beau-père [1].

La famille des Boutaud, autres alliés des Maynard, sur lesquels nous avons inséré une longue note, nous fait assister à

[1] Voir *Revue des Provinces de l'Ouest*, 1856-1857 ; documents relatifs à Philippe de Commynes.

un ordre de faits non moins caractéristiques. La politique de Charles V, en appelant dans les conseils et les hauts emplois de la judicature les hommes lettrés et les légistes, recrutés en partie jusque-là parmi la bourgeoisie des villes, engagea beaucoup de membres de la petite noblesse, surtout les cadets, à briguer ces emplois et à faire concurrence aux roturiers. La présence des grandes cours de justice à Poitiers, sous Charles VII, contribua encore à développer cette tendance dans la province. Les Boutaud, à l'exemple de Pierre Boschet et de Jehan Rabateau[1], dont le dernier était d'origine plébéienne, se livrèrent, quoique nobles, à l'étude du droit et y cherchèrent un moyen de fortune, qui ne leur fit pas défaut. Alliés à presque toute la gentilhommerie de l'évêché de Luçon, ils débutèrent par s'installer dans le chapitre et parvinrent ensuite à s'asseoir sur le siége épiscopal de ce diocèse, devenu, par suite du mode d'élection en vigueur dans ces temps, la propriété presque exclusive d'un très petit nombre de maisons qui possédaient les canonicats. Les Martineau, les Fleury, les Gojon, les de la Roche, les Boutaud, tous cousins, oncles ou neveux entre eux, arrivèrent à l'épiscopat à la suite des uns des autres, au moyen d'arrangement de familles.

Nous allons aisément le démontrer.

« Le chapitre de Luçon s'empara complètement de la nomination des évêques après la mort de Germain Paillard, arrivée à Paris, le 6 octobre 1418. Ce prélat, né à Auxerre, était un zélé bourguignon. Il avait succédé à Estienne Loypeau, décédé le 13 septembre 1407, et devait sa nomination au duc Jean-sans-Peur, devenu tout puissant dans le conseil

---

[1] Pierre Boschet, seigneur de Puygreffier et de Saint-Cyr-en-Talmondais, président au parlement de Paris, sous Charles VI; Jehan Rabateau, fils d'un prévôt de Fontenay, aussi président au parlement et garde des sceaux de France par intérim. Ce fut chez ce dernier que Jeanne-d'Arc logea pendant son séjour à Poitiers.

de Régence de Charles VI, depuis l'assassinat de Louis d'Orléans, qui venait d'être commis. C'était un choix purement
politique fait dans le but de contrebalancer dans la province
l'influence du vieux duc Jehan de Berry, dont Loypeau
avait été le serviteur dévoué.

» Le parti embrassé par Germain Paillard avait mis la
désunion au sein du chapitre; aussi, dans les deux ou trois
actes capitulaires du commencement de son épiscopat parvenus jusqu'à nous, ne voyons-nous pas figurer plusieurs
des religieux qui en faisaient partie au moment du décès de
son prédécesseur, tandis qu'on en mentionne d'autres qui se
retirèrent dès que leur patron eut abandonné le Bas-Poitou.
Voici les noms de ses partisans : Jehan Buor, sacriste,
Hugues de la Roussière, Mathieu Bloy, Raoul Marempne,
Guillaume Massicot, Guillaume Rorteau, Jehan le Febvre,
Jehan Trésorier, Jehan de la Forge, Jehan de la Baste,
Philippe Graviler, Jehan Grimouard (Grimoairt), Jehan
Priour, Pierre Béceleu, Pierre Martin, maistre Estienne
Phelippon, Estienne Charrier, Jehan Luneau, Pierre Bou-
tevilain et Nicolas Prévost [1].

[1] « Tous ces noms, sauf les trois derniers, se trouvent cités dans un
acte capitulaire du 10 octobre 1410, rédigé à l'occasion d'une transaction
passée entre François Mortea (Morteau), seigneur de la Bretonnière,
d'une part, et Germain Paillard et son chapitre, de l'autre. Il s'agissait
du droit de *vérolie* ou *bérolie*, mouture, à percevoir sur les habitants
des villages des Côteaux et du Bourg-aux-Moines, paroisse de Péault, qui
était en litige. Il fut décidé que le seigneur de la Bretonnière conser-
verait son droit, ainsi que ses prédécesseurs en avaient toujours joui,
mais que, si l'évêque ou le chapitre venaient à faire construire un moulin
dans la banlieue de ces deux villages, dès-lors le bénéfice leur serait
aussitôt dévolu. La transaction fut passée à Mareuil le 22 juin 1411,
et scellée par Nicolas Maynnart, clerc et garde du scel de ladite Cour.
(*Archives de la préfecture de la Vendée*).

» La Bretonnière étant alors appelée la Bretonnière-Giraud, du nom
de ses anciens propriétaires. »

» Assez longtemps avant sa mort, Germain Paillard avait été obligé de quitter Luçon et de se réfugier près du duc Jean-sans-Peur. Il était entré à Paris à la suite de ce prince, au mois d'août 1418, lorsque Périnet le Clerc et les bourgeois lui livrèrent les portes de la ville [1]. Quelques semaines après ce triomphe passager des bourguignons, il termina sa carrière et fut enterré dans le chœur de l'église des Célestins.

» Cette nouvelle ne fut pas plutôt parvenue au chapitre où avaient été réintégrés, depuis trois à quatre ans, les religieux ayant fait opposition à la politique du défunt, qu'il s'empressa d'élire un de ses membres attaché à la cause du Dauphin, dont les adhérans étaient nombreux en Poitou. Elie Martineau fut nommé. Les malheurs des temps ne contribuèrent pas peu à faire rentrer le chapitre en possession de son ancien droit, et il sut longtemps le maintenir, tout en l'exerçant à son bénéfice d'une façon assez peu canonique.

» Elie, fils de Jehan Martineau, valet, des environs des Moutiers-sur-le-Lay, avait d'abord été religieux, puis archidiacre de Luçon. Il avait un frère aîné, nommé Jehan, comme son père. Les Martineau étaient proches parents des Boutaud, du côté des de la Roche, ainsi que des Gojon et des Fleury.

» Guillaume Gojon succéda à Elie Martineau, en 1424, par suite de la résignation de celui-ci, si l'on en croit un des catalogues officiels des évêques de Luçon. Il était frère de Brunelle Gojon, femme de Jehan de la Roche, oncle

[1] « Parmi les bourgeois de Paris qui prêtèrent serment à Jean-sans-Peur, le vendredi 26 août 1418, figure maistre Denis Paillard (de Paillart), père ou oncle de Christophe, conseiller en la Chambre des comptes sous Louis XI, que M. de la Fontenelle dit frère de l'évêque de Luçon, tandis qu'il était au contraire son neveu. (Voir *Mémoires de la Société des Antiquaires de l'Ouest, 1845.*) Les Paillard étaient d'origine bourgeoise et durent leur élévation au négoce et aux charges de judicature. »

propre d'André, que nous allons mentionner tout-à-l'heure. Les Gojon étaient originaires des environs de Saint-Philbert-de-Pont-Charrault, où ils ont possédé en dernier lieu la petite seigneurie de Puyorin. L'un d'eux fut capitaine de Fontenay sous Louis XI et Charles VIII[1].

» Jehan Fleury fut élu après la mort de Guillaume Gojon, son parent, arrivé le 26 mars 1431. Geoffroy Fleury, son frère, qualifié valet, ce qui constate sa noblesse, possédait des terres dans la mouvance de Mareuil, et avait pour femme Jehanne Gojon, nièce de Guillaume. Jehan Fleury termina sa carrière le 17 octobre 1441.

» Cette fois ce ne fut pas un bas-poitevin qui fut choisi[2]. La toute puissante intervention de Jacques Cœur, argentier de Charles VII, fit céder l'esprit de famille, et Nicolas Cœur, son frère, nommé directement par le Roi, eut, en outre, la majorité des voix du chapitre; mais ce ne fut qu'un temps d'arrêt, et l'élection suivante s'effectua sous l'empire des anciennes traditions. André de la Roche, allié des Martineau, des Gojon et des Fleury, monta sur le siége épiscopal en 1451, et se démit, en faveur de Nicolas Boutaud, fils de sa sœur, le 26 août 1462. Il l'avait depuis quelque temps pour coadjuteur.

» Les de la Roche se sont éteints au XVIIe siècle. Ils étaient possessionnés dans les mouvances de Sainte-Hermine et de

---

[1] « Le nom de cette famille s'est toujours prononcé Goujon, mais s'est écrit, durant les XIVe, XVe et XVIe siècles, de plusieurs façons : Goion, Gouion, Goyon, Gouyon, Gojon, Goujon et même Gouvion. »

[2] « Nous ne parlons pas de Pierre du Mont ou de Monti *(Petrus de Monte)*, docteur en droit canon et civil, légat en France du pape Eugène IV, qui l'avait élevé à ce poste en 1442, mentionné, avec le titre d'évêque de Luçon, dans une mauvaise copie moderne de l'acte d'union des églises de Saint-Hilaire-de-Loulay et des Brouzils à la collégiale de Saint-Maurice-de-Montaigu, du 11 août 1444. — Il y a certainement erreur dans cette transcription. *(Archives de la préfecture de la Vendée, dossier des Brouzils).* »

Mareuil, et, de là, s'étaient répandus dans le reste du Poitou. Guillaume de la Roche, évêque de Luçon sous Charles V et Charles VII, était peut-être de cette maison, et non de celle de la Rochefoucauld, ainsi que le prétendent, sans preuves bien certaines, divers généalogistes.

» Nicolas Boutaud entra ainsi de plein pied dans le chapitre, et, de là, arriva tout naturellement aux honneurs de la mitre. Après son décès, trois de ses parents, Tranchant de Saint-Gelais, doyen d'Angoulême, Mathurin de Dercé, doyen du chapitre de Luçon, de la famille des seigneurs de Saint-Loup, et Gilles Marchand [1], briguèrent sa succession, qui leur échappa pour passer à un homme beaucoup mieux appuyé en haut lieu, à Pierre de Sacierge, maître des requêtes.

» La similitude des noms a fait commettre, sur l'origine de ces divers prélats, quelques erreurs à M. de la Fontenelle, qui ignorait entièrement ces détails si intéressants [2],

---

[1] « Gilles Marchand, chanoine de Luçon, était fils d'Estienne Marchand, seigneur du Plessis-Mauclerc, et de Marie Boutaud, sœur de l'évêque. Il avait succédé, dans le chapitre, à Jacques Marchand, frère de son père.

» Gilles avait un frère aîné, nommé Pierre, marié avec Jeanne Buor, et un autre frère puîné du nom de Jacques.

» La famille Marchand a fourni plusieurs autres dignitaires ecclésiastiques au diocèse de Luçon. »

[2] « Toutes ces familles sont éteintes depuis au moins deux siècles.

» Entr'autres erreurs échappées à MM. Brumault de Beauregard et de la Fontenelle, il en est une des plus impardonnables, qui a trait à Pierre de Sacierge, et qui est certainement l'effet d'une de ces préoccupations ordinaires aux écrivains hostiles, de parti pris, à un personnage historique. Tout le monde sait que Louis XI mourut le 30 août 1483; or, les doctes compilateurs le font néanmoins directement intervenir dans le débat survenu à propos de la nomination du successeur de Nicolas Boutaud, décédé, selon eux, le 27 décembre 1490 ! Que Pierre de Sacierge ait reçu de Louis XI la survivance de l'évêché de Luçon, il n'y a rien d'impossible : ces choses-là se pratiquaient assez souvent alors; mais puisés dans les archives de l'Aubouinière et dans celles de la Corbinière, anciens arrière-fiefs voisins des Moutiers-sur-le-Lay. On y acquiert la preuve que les Martineau, les Gojon, les Fleury, les de la Roche, comme les Boutaud, faisaient partie de la petite noblesse, indication précieuse, car elle montre, sous une autre de ses faces, la progression ascendante de cette classe et l'importance qu'elle avait prise. Les cadets de la grande aristocratie étaient systématiquement évincés des chapitres, ou n'y avaient plus aucune prépon-pondérance. Louis XI inaugura une phase nouvelle, et le concordat passé entre François I<sup>er</sup> et Léon X anéantit tout vestige d'élection[1]. »

Avant de passer outre, un mot encore sur les Boutaud. Ils voulurent, du vivant de l'évêque de Luçon, entrer au parlement de Paris, où avait siégé Guillaume Papin, de Parthenay, mari de la sœur de l'évêque Nicolas Boutaud ; mais certaines causes y mirent obstacle et les rejetèrent dans la recherche des bénéfices ecclésiastiques, jusqu'à ce qu'ils se fussent fondus dans la maison de Polignac.

comment admettre, avec M. de Beauregard, que Mathurin de Dercé ait été évincé en 1494, sur l'ordre exprès de ce monarque, *coupable,* en cette circonstance, d'avoir « sacrifié les droits de l'église à l'ambition d'une de ses créatures ? » A cette époque les anciens serviteurs du règne précédent étaient peu en odeur de sainteté, à plus forte raison accordait-on fort mince crédit aux parchemins signés du père de Charles VIII. Il fallait donc que le droit du maître des requêtes fût fondé sur des bases plus solides, pour que le parlement lui ait donné gain de cause. Nous engageons ceux qui voudront s'occuper de l'histoire de l'évêché de Luçon à contrôler sur ce point les assertions de leurs devanciers. De deux choses l'une : ou Nicolas Boutaud est mort avant le 50 août 1485, ou bien plutôt les auteurs de la chronique en question ont mal compris les textes qu'ils avaient sous les yeux, comme cela leur est arrivé en tant d'autres circonstances. »

[1] Tout ce passage sur l'histoire des évêques de Luçon est extrait des notes manuscrites de M. B. Fillon.

Les Boutaud, aussi bien que les Boutou, offrent l'exemple de terres possédées, pendant des centaines d'années, par la même famille, preuve décisive de l'attachement de la noblesse de la province pour le lieu qui l'avait vu naître. D'ailleurs la réunion du Poitou à la couronne [1], son mode d'administration qui ne comportait pas d'assemblées délibérantes, sa situation géographique, son éloignement de la Cour, tout, en un mot, concourait à rendre les positions individuelles stationnaires plus que partout ailleurs. N'ayant pas occasion de se mettre en évidence, il fallait que le noble poitevin se résignât à vivre obscurément parqué dans sa gentilhommière, à la manière de ses ancêtres, et se livrât aux plaisirs de la chasse, image affaiblie de la guerre, son unique distraction, en attendant que les discordes civiles lui apportassent des émotions plus profondes. Cette façon d'être eut pour résultat de l'isoler du mouvement accompli autour de lui, de l'immobiliser dans des idées souvent peu en rapport avec celles du reste du royaume, de le livrer à des suggestions fatales qui le conduisirent, aux XVIe et XVIIe siècles, à de nombreuses et déplorables révoltes. Quelques rares familles se tinrent en dehors de cet entraînement général qui prit la réforme pour prétexte. Les Maynard eurent la bonne fortune d'être de ce nombre.

La première moitié du XVIe siècle fut, en dehors des faits politiques, une époque de transformation pour la noblesse chevaleresque. Elle se trouva amenée par la force des choses à se fondre avec une classe, jusque-là indéterminée, de propriétaires fonciers, et avec celle des anoblis, sortie des échevinages et des charges de judicature, que la royauté poussait aux affaires. A la première de ces catégories de

[1] D'autres provinces conservèrent jusqu'au XVe, XVIe et même XVIIIe siècle des souverains particuliers, à la cour desquels les gentilshommes du pays trouvaient facilement honneurs et fortune.

personnes appartenaient tant de lignées, dont la provenance est actuellement assez difficile à déterminer, mais que nous voyons surgir depuis Philippe-le-Bel. Le XVe siècle en fit beaucoup éclore. Elles se recrutaient principalement parmi les roturiers campagnards devenus détenteurs de fiefs nobles à un titre quelconque, tel qu'achat ou héritage. C'étaient en général des hommes de la domesticité des principaux seigneurs de la contrée, enrichis par la gestion des affaires de leurs maîtres. Le peu de régularité qu'il y avait dans les rouages administratifs, le défaut de contrôle, l'absence de tout état civil, rendaient, au bout de deux ou trois générations, ces questions de naissance à peu près impossibles à débrouiller. Et puis, dans les moments d'alarmes, tous ces gens étaient montés à cheval, avaient endossé la cuirasse, tiré l'épée. S'ils n'étaient pas gentilshommes, ils avaient fait tout de même!

Le XVIe siècle, ère de réforme et d'éclectisme, passa l'éponge sur ces antécédants problématiques, et les convenances de fortune aidant, on s'occupa d'autant moins des différences de castes, que les descendants de la vieille aristocratie eussent été, la plupart, fort en peine de montrer des titres authentiques de filiation plus anciens que ceux produits par les nouveaux venus.

On fit plus de difficultés pour accepter d'abord les anoblis, à moins qu'ils ne fussent riches. Chez eux, l'origine ne s'enveloppait pas de cette honnête obscurité si favorable aux interprétations intéressées de l'amour-propre.

La quantité des anoblis passa bientôt toute croyance, du moment où le gouvernement en fit un moyen de battre monnaie. En 1789, ils formaient l'immense majorité du second ordre de l'Etat. Les listes, dressées lorsqu'on voulut procéder à l'élection des députés de la noblesse, le constatent mieux que tout le reste. Elles donnent la mesure du petit nombre de familles, se rattachant aux débuts de la féoda-

lité, qui avaient survécu à tant de désastres et à l'action
délétère du temps.

Mais nous avons anticipé sur les événements : revenons
sur nos pas.

Les guerres de religion passées, la noblesse d'arrière-
fief sentit peu à peu céder ses instincts d'indépendance féodale
combattus par une partie de ses membres. Le rôle que
jouèrent Chasteaubriand des Roches-Baritaud et Christophe
Mesnard, pendant la Fronde, et l'inanité des résultats de la
victoire momentanée des alliés du parlement, témoignèrent
assez que le pouvoir central était désormais trop fort pour
qu'on pût l'arrêter dans sa marche. Le rapport adressé, en
1666, par Colbert de Croissy, à son frère, sur les principales
maisons du Poitou, est, à cette date, sauf quelques erreurs
inévitables dans un travail de ce genre fait par une personne
étrangère à la province, le miroir fidèle de l'aristocratie
poitevine. L'article consacré à Christophe Mesnard est fort
honorable [1].

Ce précieux document fait voir, de la façon la plus frap-
pante, quels changements s'étaient opérés dans le personnel
de cette aristocratie. A deux ou trois noms près, toutes les
familles mentionnées par Colbert, et ce sont seulement les
plus marquantes du pays, sortent, sans exception, de la petite
noblesse chevaleresque, quand elles n'ont pas une source
plus récente ; car il est bien entendu que nous ne saurions
accepter les prétentions qui tendraient à rattacher aux
comtes de Poitou ou à toute autre maison princière, éteinte
depuis des siècles, certaines lignées fort recommandables,
du reste, mais qui n'ont jamais eu le moindre point de
contact avec ces grands fendataires, comme l'a surabon-

---

[1] Nous nous sommes servis, pour nos citations, de l'imprimé du
Mémoire de Colbert, donné au public par M. Charles Dugast-Matifeux.
— *Fontenay-Vendée, imprimerie de Robuchon, 1852.*

damment prouvé la critique moderne. C'est au xvie siècle qu'on a commencé à donner cours à toutes ces fables.

L'administration de Richelieu et le règne de Louis XIV, qui en fut la conséquence, firent sortir des rangs de l'aristocratie poitevine plusieurs noms à peu près inconnus, et les élevèrent au faîte des honneurs, à côté de ceux d'hommes fournis par la bourgeoisie. En première ligne brilla celui du grand cardinal. De temps à autres, la faveur de la Cour alla encore en chercher quelques-uns, jusqu'au moment de la révolution française. Pour beaucoup, ce fut le terme fatal assigné, soit à leur disparition, soit à tout espoir de sortir de l'obscurité par les voies battues. D'autres, au contraire, reçurent, des événements qui en furent la suite, le baptême de l'immortalité qu'ils puisèrent dans les guerres formidables de la Vendée. Quelques familles, enfin, furent assez heureuses pour rendre, sur le sol étranger, à la maison de Bourbon, des services qu'elle n'oublia pas plus tard. La position élevée et toute de confiance du comte de Mesnard, sous la Restauration, eut cette origine.

On peut appliquer à beaucoup de provinces plusieurs de ces considérations générales. Il n'y a, le plus souvent, que deux ou trois dates secondaires à changer.

Maintenant voici notre conclusion à tout ce qui précède :

L'histoire d'une maison, étudiée avec soin, est celle de la société au milieu de laquelle elle s'est tenue debout.

A quoi nous ajouterons :

La tradition de famille, bien entendue, est une chose respectable, pourvu qu'elle enseigne à dignement porter le nom de ses ancêtres, en s'efforçant de se rendre utile à ses concitoyens [1].

---

[1] Nous avons emprunté, aux notes manuscrites de M. B. Fillon, quelques-uns des éléments de ces considérations générales.

# NOTES HISTORIQUES

SUR QUELQUES

## FAMILLES ALLIÉES AUX MAYNARD

ET SUR

QUELQUES TERRES QUI LEUR ONT APPARTENU.

———

Ancelon. Famille d'origine chevaleresque éteinte à la fin du XVIIe siècle ou au commencement du XVIIIe. Au XIVe, elle possédait la Mothe-Freslon, paroisse du Champ-Saint-Père. Elle s'allia à plusieurs maisons influentes du Poitou, telles que celles des Chasteigner, des Rouhault, des Grignon, des Frottier. Elle n'a pas joué d'ailleurs de rôle important. Ses armes étaient : *de gueules semé de fleurs de lis d'or au franc quartier de même.*

La Benastonnière. Nous pensons qu'il s'agit ici de la Benastonnière de Gros-Breuil, dans le Talmondais.

Le nom de cette terre vient de celui des Benaston, ses premiers propriétaires, possessionnés dans le Talmondais, mais qui avaient d'autres fiefs au-delà de la Roche-sur-Yon et aux environs de Montaigu. La petite forteresse d'origine gallo-romaine de Benaston, située près de Chavagnes-en-Paillers, fut probablement baptisée par eux au XIᵉ ou XIIᵉ siècle. Ses ruines ont encore aujourd'hui une sorte de renom populaire. Au XVᵉ siècle, ils étaient également seigneurs de la Brunetière, paroisse de Chavagnes-les-Redoux, dans la mouvance de Bazoges, et ils s'éteignirent, croyons-nous, sous Louis XI ou Charles VIII, dans la personne de Jehanne, femme de Guillaume Raffineau.

Pierre Benaston, seigneur de la Benastonnière, en 1322, passa, le 16 juin de cette année, un accord avec Mathé et Guy Mazoer ou Mazouer, paroissiens de Saint-Cyr, au sujet d'un droit d'estage que ces derniers acquittaient envers le seigneur de Poiroux et qu'il prétendait lui être dû par moitié, à cause du fief de Fougeré en Saint-Cyr. Cet acte révèle un fait curieux, c'est que ces Mazouer, dont les arrières-neveux habitent encore le même lieu et sont aujourd'hui de simples cultivateurs, allaient monter la garde au château de Poiroux, à cheval, heaume en tête et armés d'une lance, d'une épée et d'un bouclier, insignes d'un service noble, et, par conséquent, de la noblesse. Nous avons rencontré à Luçon, il y a quelques années, un sceau de petite dimension, du temps de Charles V, représentant un écu décoré de deux fusées, avec la légende S. RA. MAZOER. Il avait évidemment servi à un membre de cette famille. Le chartrier de l'abbaye d'Orbestier renferme aussi de très anciennes mentions de ces Mazouer, que des circonstances inconnues ont relégué dans les couches inférieures, tandis qu'ils faisaient partie de droit, il y a cinq siècles, de la classe privilégiée. Ce n'est pas le seul exemple de ces fluctuations de la fortune qu'on pourrait citer.

Après les Benaston, nous voyons, à des dates diverses, la Benastonnière appartenir àux Mainard, aux Bastard, aux Durand, &c.

BOSCHET, BOUCHET, et enfin DU BOUCHET, famille poitevine d'ancienne noblesse, que Moreri prétend à tort sortie
d'Auvergne. Il y a tout lieu de penser plutôt qu'elle a pris
naissance dans le Talmondais, où se trouvaient des individus
de ce nom, dès le XII⁰ siècle, et où elle a possédé diverses
terres considérables pendant des centaines d'années, entr'autres le Sableau, Avaux, Saint-Cyr [1], et, plus tard,

---

[1] L'origine de Saint-Cyr-en-Talmondais remonte à l'époque gallo-
romaine, car on a trouvé tout dernièrement quelques débris de cette
période, en bâtissant une maison d'école, tout près de l'église. Ce petit
bourg se trouve ainsi dans la donnée ordinaire. Le centre de population du moyen-âge s'est superposé à des habitations plus anciennes.
C'est l'histoire de l'immense majorité des localités qui couvrent le sol de
la France entière. Les faits matériels parlent plus haut que tous les
raisonnements bâtis sur des légendes fabriquées après coup.

Le nom du patron de l'église, fondée sans doute au X⁰ ou XI⁰ siècle,
a été substitué à celui que la bourgade portait antérieurement. Cette
église, bâtie sur la terre de la famille de Bouille, fut donnée, avant
1086, à l'abbaye de Saint-Cyprien de Poitiers. Elle était dans la juridiction de l'ancienne châtellenie de Curson. Il ne reste aucune trace de la
construction primitive. On lui a donné plus tard le titre de prieuré.

La seigneurie, appelée la *Court* ou le *Treuil* de Saint-Cyr, passa des
de Bouille à la maison d'Aspremont, à la fin du XII⁰ siècle; sous Saint-
Louis, les de Charimay la possédaient. Quelques années plus tard, les
Guybert l'eurent par achat ou héritage, et elle fut transmise par eux,
à la fin du règne de Charles V, aux Boschet, qui la conservèrent jusqu'à
la mort de Françoise, première femme du maréchal de Cossé-Gonnort.
Sa fille, Renée de Cossé, la porta en dot à son mari Charles de Montmorency, amiral de France, troisième fils d'Anne, le connétable; mais
celle-ci n'ayant pas laissé d'enfants, sa succession fut partagée entre ses
neveux. Louis Gouffier, duc de Rouannez, l'un d'eux, eut Saint-Cyr en
partage. Il le vendit, le 6 juillet 1627, à Charles Bodin, seigneur de la
Rollandière, après le décès duquel, Pierre Yvon, conseiller d'Etat,
l'acheta le 9 janvier 1650. Ce nouvel acquéreur le conserva deux ans à
peine, Théophile Bodin ayant exigé une rétrocession, en vertu du droit
de retrait lignager.

Aux Bodin succédèrent les Dorin; puis vinrent enfin les Gourdeau. Ces
derniers terminent la liste des seigneurs de Saint-Cyr, qui n'a pas, pour

Poiroux et Saint-Sornin. Elle avait en outre des propriétés importantes dans le reste du Poitou, telles que Puy-Greffier, près Saint-Fulgent; Sainte-Gemme, près Luçon; Puy-Ogier, le Bouchet, la Chaussée, le Villiers-Charlemagne, &c.

La filiation suivie des Boschet remonte à Jehan, seigneur d'Avaux, qui vivait sous Philippe-de-Valois. Il fut père : 1° d'un autre Jehan, qui continua la descendance, éteinte au XVII° siècle; 2° de Pierre, conseiller, puis président au parlement de Paris, homme d'un mérite éminent, mort en 1410, sans postérité. M. B. Fillon s'est donc trompé, dans sa *Notice sur Saint-Cyr-en-Talmondais*, page 23, quand il lui attribue des enfants. Son testament fait à Paris, le 12 juin 1403, prouve que ces derniers étaient, au contraire,

ainsi dire, de lacunes depuis huit cents ans. Il est peu d'arrière-fiefs dont les annales soient aussi complètes.

Saint-Cyr relevait de Poiroux. Il a été qualifié châtellenie et même baronnie à partir de Charles IX, sans que ce dernier titre ait été, selon nous, régulièrement concédé. Beaucoup d'autres terres se trouvaient dans le même cas. On sait d'ailleurs combien la valeur de ces titres avait baissé depuis la chute de la féodalité. Entre un comte du temps de Hugues-Capet, celui de Poitou, par exemple, et un comte du temps de Louis XVI, quelle différence ! Il en était ainsi de tous les autres, tandis que les grandes charges de l'Etat, et même les simples emplois administratifs ou judiciaires, suivaient au contraire une marche ascendante, à mesure qu'ils procédaient plus directement d'un service public.

Il y avait en outre, à Saint-Cyr, trois seigneuries de quelqu'importance : Fougéré, Revroc et Archiais.

Le prieuré, dit du *Grand-Saint-Cyr*, fondé le 15 décembre 1375, par Jehan Guybert, clerc, et Agathe Benaston, dépendait de Saint-Cyprien de Poitiers. Il avait pour armoiries : *d'or à une croix partie de gueules et de sinople*, qui étaient vraisemblablement celles du fondateur. Le prieur avait droit de haute justice, ainsi que le seigneur laïque.

Le petit prieuré de la Gillerie était également situé dans la paroisse.

*(Extrait des archives des préfectures de la Vendée et de la Vienne; du cartulaire de Saint-Cyprien de Poitiers, déposé à la Bibliothèque impériale, section des manuscrits; des archives de la seigneurie de Saint-Cyr, et des notes manuscrites de M. B. Fillon).*

issus de son frère aîné. (*Bibliothèque impériale, section des manuscrits; titres généalogiques, dossier du Bouchet*). Ce fut Pierre Boschet qui commença à mettre en évidence le nom de sa famille.

Les descendants de son frère Jehan prirent alliance dans plusieurs maisons illustres ou distinguées. Nous citerons, par exemple, celles de Sanzay, du Puy-du-Fou, de Laval, de Montfaulcon, de Montalembert, du Bellay, de Cossé, de Fonséques, de Foix, de la Trémoille, d'Appellevoisin, d'Aubigné, &c.

Trois d'entre eux se firent un nom dans le protestantisme pendant les guerres du XVIᵉ siècle : Tanneguy, baron de Poiroux et de Saint-Cyr, tué à la bataille de Montcontour; Lancelot, baron de Sainte-Gemme, qui présida au pillage de Poitiers, et Joachim, seigneur du Villiers-Charlemagne.

Les Boschet portaient : *d'hermine papellonné de gueules*, comme on le voit sur leur écusson sculpté dans l'église de Sainte-Gemme, et non *d'argent à deux fasces de sable*, ainsi que le prétendent le P. Anselme, MM. Beauchet-Filleau et B. Fillon.

BOUTAUD. Ce nom s'écrivit d'abord Butaut, Butaud, ensuite Boutaut, et enfin Boutaud; en latin *Butaldus, Boutaudus*.

Les Boutaud apparaissent à la fin du XIIIᵉ siècle en qualité de seigneurs de l'Aubouinière ou Aubonnière, dite des Champs, paroisse de Sainte-Pexine. Le premier individu du nom, qui nous soit connu, est :

I. Pierre Butaut, valet, seigneur de l'Aubouinière, mari de Sibylle Boutevillain, mentionné en 1296. Il fut père de :

    1° Pierre, qui suit ;

    2° Sybille, femme d'Evrard Pousserèbe, chevalier.

II. Pierre, valet, seigneur de l'Aubouinière, vivait en 1334. On connaît les noms de deux de ses enfants, savoir :

7

1° Pierre, clerc, seigneur de l'Aubouinière, qui
devint doyen de Bressuire, mort vers 1382 ;

2° Jehan, qui vient après.

III. Jehan, valet, seigneur de l'Aubouinière en partie, mari
de Catherine de la Roche, qui lui donna :

1° Jehan, rapporté au degré suivant;

2° Pierre, *saige en droict;*

3° Florence, femme de Pierre Chauvetea (Chau-
veteau).

IV. Jehan, valet, seigneur de l'Aubouinière, mort en 1394,
laissant de Jehanne du Vergier, sa femme, fille du seigneur
de Buchignon, paroisse de Fougéré :

1° Pierre, qui suit ;

2° Jehan ;

3° Nicolas, mari de Marguerite Mainnart, fille de
Guillaume Mainnart, chevalier, et de Guyonne
Gaudin ;

4° Marie, femme de Pierre Béjarry, paroissien du
Simon ;

5° Isabeau, mariée deux fois : 1° à Nicolas Bastard ;
2° à N. Millet, seigneur du Puy-Millet.

V. Pierre, valet, seigneur de l'Aubouinière, bachelier ès-
lois. Il épousa Catherine de la Roche, sœur d'André de
la Roche, évêque de Luçon, et alla de vie à trépas en
1438, ayant eu de son mariage :

1° Guillaume, qui vient après ;

2° Jehan, écuyer, seigneur de la Papaudière,
époux de Françoise de la Bauduère, fille de
Colas de la Bauduère. Il fit son testament le
16 décembre 1454, et mourut bientôt après,
laissant une fille unique;

3° Nicolas, d'abord religieux et ensuite évêque de
Luçon, par la résignation que lui fit de ce

siége, le 26 août 1462, son oncle maternel, André de la Roche, dont il avait été quelque temps le coadjuteur. Le 26 septembre suivant, l'archevêque de Rouen le sacra. Sous son épiscopat, le pape Paul II sécularisa le chapitre par ses bulles du 12 janvier 1468 (1469).

Nicolas finit, dit-on, ses jours, le 27 décembre 1490, et eut pour successeur Pierre de Sacierge;

4° Marguerite, mariée en premières noces avec Guillaume Papin, seigneur de la Coumaillère, paroisse de la Pérate, près Parthenay, conseiller au parlement de Paris, et en secondes noces, avec François de Beaumont, chevalier, seigneur de Maisontiers;

5° N., femme de N. de Thorigné, chevalier, d'une très ancienne maison qui prenait son nom de la seigneurie et paroisse de Thorigné, près Mareuil;

6° Marie, femme d'Estienne Marchand, écuyer, seigneur du Plessis-Mauclerc, et mère de Gilles Marchand, élu évêque de Luçon.

VI. Guillaume, écuyer, seigneur de l'Aubouinière, licencié ès-lois, avocat au parlement de Paris, pendant quelques années. Il voulut ensuite succéder à son beau-frère Guillaume Papin, dans la charge de conseiller; mais certains motifs que nous ignorons lui en interdirent l'entrée. Sa mort arriva en 1482. Il avait eu de Loyse Fouschier, sa femme :

1° Jehan, écuyer, licencié ès-lois, seigneur de l'Aubouinière, mort garçon en 1486;

2° François, qui suit;

3° Marie, femme de Jacques Carondelet, de la famille du chancelier de Bourgogne et de l'ar-

chevêque de Palerme, ami d'Erasme et de
Raphaël.

VII. François, écuyer, seigneur de l'Aubouinière, bachelier
ès-lois, se fit prêtre à la fin de sa vie et devint chanoine
de Luçon, prévôt de Notre-Dame de Fontenay. Avant
d'entrer dans les ordres, il s'était marié et avait eu pour
enfants :

1° Jehan, qui vient ensuite ;

2° Martin, écuyer, seigneur de l'Aubouinière de
Chaillé, mari de Jehanne Lambert ;

3° François, abbé de Sainte-Croix de Talmond,
qui licencia, en 1562, ses moines, démolit les
bâtiments de son abbaye, et se maria, dit-on ;
mais on ignore, en tout cas, le nom de sa femme.

VIII. Jehan, écuyer, seigneur de l'Aubouinière et de la
Naulière, mort vers la fin de 1558. Ses enfants furent :

1° Claude, qui suit ;

2° Joachim, prêtre, prévôt de Notre-Dame de Fontenay et chanoine de Luçon. C'était un homme
versé dans les langues latine, grecque et hé-
braïque. Au moment du soulèvement des calvinistes, en 1562, il imita son oncle, l'abbé de
Talmond, jeta le froc aux orties, se maria et
devint ministre protestant à Fontenay et à la
Rochelle. Fort attaché à son parti, il attaqua
vigoureusement, dans une brochure publiée à
l'occasion du siége de la Rochelle, en 1573, la
conduite des princes navarrais, et s'attira ainsi
mille désagréments qui l'engagèrent à rentrer
dans le sein de l'église catholique. Mais il ne
put vivre en paix. Des soldats, apostés par ses
ennemis, le surprirent, le 13 avril 1576, près
de la porte Saint-Michel de Fontenay et l'assas-

sinèrent. Les historiens du temps font l'éloge de son éloquence et de son savoir.

IX. Claude, écuyer, seigneur de l'Aubouinière, époux d'Anne du Fou, dont une seule fille, qui suit :

X. Léa, mariée deux fois : 1° avec Nicolas d'Espaigne, chevalier, seigneur de la Brosse, capitaine de cinquante hommes d'armes sous l'autorité du comte de la Suze ; 2° en 1591, avec Gabriel de Polignac, chevalier, gentilhomme de la chambre du Roi, capitaine de cent hommes d'armes. Léa mourut en 1603.

Plusieurs autres personnages du nom de Boutaud sont parvenus, à diverses époques et dans divers autres diocèses, à de hautes dignités ecclésiastiques, même à l'épiscopat ; mais nous ignorons s'ils sortaient, comme on l'a dit, d'une souche commune avec ceux du Bas-Poitou.

Selon M. Brumault de Beauregard, auteur d'une histoire manuscrite des évêques de Luçon, les armes des Boutaud étaient : *de gueules à trois demi vols d'or.* D. Estiennot prétend, au contraire, qu'elles étaient : *d'azur à trois chevrons d'or accompagnés de trois triangles de même.*

BOUTOU. Le nom de cette famille, d'ancienne chevalerie, est cité pour la première fois par Besly, à propos d'un Hugues Boutou, tué en Palestine, en 1102. Sa filiation suivie remonte au milieu du XIIIᵉ siècle. Dès ce temps, elle possédait le manoir de la Baugisière, ou plutôt Bosigière, paroisse de Saint-Michel-le-Cloux, qui tire son nom de ses premiers propriétaires, les Bogis, dont les descendants s'éteignirent au XVᵉ siècle.

Avant de parler en détail des Boutou, disons quelques mots de leur seigneurie.

La Baugisière était un arrière-fief relevant de la Meilleraye, qui, elle-même, rendait hommage au château de Fontenay, possédé successivement par les comtes de Poitou, par les maisons de Thouars, de Mauléon, de Lusignan, ensuite par celle de France, et, accidentellement, par quelques seigneurs qui le reçurent à des titres divers : l'illustre Bertrand du Guesclin, Artur de Richemond, le maréchal de Gié, Françoise d'Estrac et François Descars, seigneur de la Vauguyon.

La Baugisière ne fut probablement, dans le principe, qu'une grande ferme, construite au IX<sup>e</sup> ou X<sup>e</sup> siècle, à côté des ruines de celle de Lugres, détruite à une époque antérieure, et aux environs de laquelle a eu lieu, il y a une quarantaine d'années, la découverte de l'enfouissement le plus considérable de tiers de sous d'or mérovingiens qui ait peut-être jamais été confié à la terre [1]. Lors du mariage de Bonaventure-Louis-Germanicus-Jules Maynard avec Marie-Antoinette-Françoise Baudon d'Yssoncourt, qui eut lieu en 1826, on s'est servi d'un douzain composé de pièces provenant de cette découverte.

Voici maintenant la filiation suivie des Boutou :

I. Pierre Boutou, chevalier, seigneur de la Baugisière, fit, le 11 août 1253, avec Gilbert Chasteigner, seigneur de la Meilleraye, une transaction relativement à un moulin situé sur la rivière de Vendée, en présence de Gaulthier Moleins, prieur de Notre-Dame de Fontenay. Par son testament, du 2 avril 1267, passé devant le doyen de cette ville, il partagea ses biens entre les enfants qu'il avait eu de Lyette de Chassenon, savoir :

        1° Guillaume, qui suit ;

        2° Blanche, femme de Mairy du Pairé ;

        3° Girard, chevalier, mort garçon, dans un âge

---

[1] *Considérations historiques et artistiques sur les monnaies de France*, par *M. B. Fillon*, page 59.

très avancé, le 2 juillet 1315. Il ordonna, par son testament, qu'on l'enterrat à Notre-Dame de Fontenay et fit à cette église quelques libéralités.

II. Guillaume, chevalier, auquel son frère Girard avait cédé, dès 1299, les droits qu'il avait sur une portion de la Baugisière, fut enterré dans l'église de Saint-Michel-le-Cloux. On ne lui connaît qu'un fils, et le nom de sa femme est demeuré inconnu. Ce fils fut :

III. Guillaume, dit le *Jeune*, valet, seigneur de la Baugisière, marié deux fois : 1° avec Gillette Joussaume, 2° avec N..... Il naquit de l'un de ces deux mariages :

  1° Pierre, qui vient après ;
  2° Jehan, valet, dont Jehanne, la fille unique, épousa Simon Chasteigner, chevalier, seigneur de Réaumur. Il mourut vers 1395 ;
  3° Adam, valet.'

IV. Pierre, valet, seigneur de la Baugisière, père de :

V. Jehan, dit l'*Aîné*, écuyer, seigneur de la Baugisière, marié deux fois : 1° avec Sybile Voussard ; 2° avec Marie de Beaumont. Il fit le partage de ses biens le 20 juillet 1407. Du premier mariage naquit :

  Jehan, père de Jehan, dit le *Jeune*, seigneur de Courdeau, et Marguerite.
Du second :
Pierre, relaté au degré suivant.

Nous avons éprouvé quelques difficultés à établir les deux degrés précédents, à cause de la confusion qu'on est exposé à faire entre deux personnages, par suite de la similitude des noms. Nous croyons cependant être dans le vrai.

VI. Pierre, chevalier, seigneur de la Baugisière, servit sous le connétable Artur de Richemond, seigneur de Fon-

tenay, son suzerain. Les noms de deux de ses enfants
nous sont parvenus ; ce sont ceux de :

> 1° Péan , qui suit ;
>
> 2° Poinsonnet, chevalier, qui , lui aussi , servit
> sous Artur de Richemond.

VII. Péan, chevalier, seigneur de la Baugisière, mari de
Loyse de Payré , fille de Hugues de Pairé , seigneur dudit
lieu , dont il eut :

> 1° Péan, chevalier, seigneur de la Baugisière et
> de Pairé, mort sans postérité. Ses biens passèrent
> à son frère ;
>
> 2° Briand , relaté au degré suivant :

VIII. Briand, chevalier, seigneur de la Baugisière, marié, par
contrat du 16 août 1484 , avec Françoise Béchet , fille de
Jehan Béchet , écuyer, seigneur de Genouillé , et de
Guyonne de Codung , qui lui donna :

> 1° François, qui eut pour curateur Loys Chas-
> teigner, seigneur de Réaumur, son cousin , et
> ensuite son frère Pierre Boutou , étant devenu
> fou ;
>
> 2° Charlotte, femme de Philippe Jay, écuyer, sei-
> gneur de Boisséguin ;
>
> 3° Pierre , qui suit ;
>
> 4° Jacqueline, femme de Jehan de Vivonne, écuyer,
> seigneur d'Oulmes. M. Beauchet-Filleau commet
> une erreur dans sa généalogie de la maison de
> Vivonne, branche d'Oulmes, dix-septième degré,
> lorsqu'il ne fait pas mention de Jehan , mari de
> notre Jacqueline Boutou , et le confond avec son
> fils, du même nom , époux de Jehanne Ratault,
> et dont la fille Renée porta Oulmes dans la
> branche de la Châtaigneraye , par son mariage
> avec Charles de Vivonne.

IX. Pierre, écuyer, seigneur, de la Baugisière, mari de
Catherine Joussaume. Il mourut en 1566, et sa femme
en 1571, laissant de leur mariage :

  1° Bonaventure, qui suit ;

  2° Jehan, religieux de l'abbaye de Nieul-sur-l'Autise, et prieur de Pairé ;

  3° François, écuyer, seigneur de Granzay, capitaine protestant, tué à la bataille de Sainte-
   Gemme, en 1570 ;

  4° Marie, femme de Jacques du Teil, écuyer, seigneur de Joussé, avec lequel elle se maria par
   contrat du 28 août 1547. Elle mourut avant son
   père ;

  5° Marguerite, femme de Loys Jay, écuyer, seigneur de Montonneau ;

  6° Anne, femme de son parent Gabriel Joussaume,
   écuyer. '

X. Bonaventure, écuyer, seigneur de la Baugisière, marié,
par contrat du 13 mars 1563, avec Marie Girard, fille
d'Aimery Girard, écuyer, seigneur de la Roussière, et
d'Anne de la Brosse. Le cachet en or de Marie Girard,
décoré de ses initiales enlacées avec celles de son mari, a
été retrouvé, il y a quelques années, dans le jardin de la
Baugisière. De cette union sont issus :

  1° Anne, mariée deux fois : 1° par contrat du
   25 décembre 1587, avec Jehan de Losme, fils
   de Jehan, écuyer, seigneur de la Pinaudière,
   et de Jehanne Duchesne ; 2° par contrat du
   27 janvier 1593, avec Pierre d'Allouhé, écuyer,
   seigneur du Breuil, fils de Léon, écuyer, seigneur de Pêchebrun, et d'Andrée de l'Aulnay
   ou de l'Aulbray ;

  2° Philippe, qui vient ensuite ;

3° Renée, mariée le 7 juillet 1598, avec Jehan Goulard, écuyer, seigneur de Pairé.

XI. Philippe, chevalier, seigneur de la Baugisière, le Pain, l'Espinerays, la Vergne et la Tour de Sauvairé, épousa, par contrat du 31 janvier 1625, Sébastienne Chauveau, dont il avait eu hors mariage deux fils et quatre fille. Il mourut en 1648, et sa femme en 1651, laissant de leur union :

> 1° Philippe, qui suit ;
>
> 2° Gabrielle, femme de Gilbert Gautreau, seigneur de la Tousche ;
>
> 3° Sébastienne, mariée, par contrat du 7 avril 1636, avec René Dellène, seigneur de Longeville ;
>
> 4° Perrine, mariée, par contrat du 6 mars 1639, avec Jacques de Granzay, écuyer, seigneur de Marigny ;
>
> 5° Marie, mariée, par contrat du 1er décembre 1643, avec Louis Dellène, seigneur de la Faye.

XII. Philippe, chevalier, seigneur de la Baugisière, prit pour femme, par contrat du 24 mai 1649, Marguerite de Nouzillac, fille d'Antoine de Nouzillac et de Marguerite de Couhé (remariée en secondes noces avec René de Couhé). Voici en quels termes Colbert de Croissy s'exprime sur son compte : « Le sieur Boutou-Baugisière, qui demeure vers Fontenay, a une terre appelée Dandelay, de deux mille livres de rente, à trois lieues de Mauléon. Il est estimé riche de neuf à dix mille livres de rente, est catholique et passe pour honnête homme. Il n'a servi. Il n'y a point de plaintes contre lui. (p. 24). » Sa mort eu lieu en 1672, et celle de sa femme en 1695. Leurs enfants furent :

> 1° Maximilien, qui suit ;

2° Louise, morte fille;

3° René, chevalier, seigneur de Pairé, époux d'Anne Robert, dont il eut : Marie-Anne et Charles-Auguste, mari d'Anne de Cumont, fille d'Edouard de Cumont, seigneur de Charmel'œil, père lui-même de Jacques-Eléonor Boutou, qui sortit des mousquetaires, le 31 mars 1758;

4° Renée;

5° Jacques;

6° Marie;

7° Marguerité, entrée, le 26 janvier 1679, au couvent des sœurs de Saint-François de Fontenay.

XIII. Maximilien, chevalier, seigneur de la Baugisière et d'Ardelay, marié, par contrat du 16 juin 1682, avec Gabrielle Briçonnet, fille de Barthélemy Briçonnet, chevalier, seigneur du Treuil-aux-Secrets, paroisse de Sainte-Soulle, en Aulnis, et de Marie Dubreuil [1].

Après la mort de Maximilien Boutou, Gabrielle Briçonnet épousa, en secondes noces, son cousin Guillaume Briçonnet, chevalier, seigneur de l'Anglier, et en troisième, Louis Guinot, baron d'Erioux, auquel elle survécut encore. Maximilien était mort au Treuil-aux-Secrets, à la fin de février 1703, laissant :

1° Barthélemy, né en 1685, mort garçon en 1708;

---

[1] Barthélemy Briçonnet était lui-même fils d'Alexandre Briçonnet, seigneur de Glatigny, et de Françoise Maynard, dont il partagea, le 28 mars 1661, la succession avec ses frères et sœurs, savoir : 1° Charles, président au parlement de Metz; 2° Guillaume; 3° Barnabé; 4° Françoise, femme de Jérôme Thibault, conseiller à la cour des comptes de Paris; 5° Clémence, femme de Denis Mareschal, seigneur-patron de l'église de Vaugirard-lez-Paris.

Ces Briçonnet se disaient de la famille du cardinal et portaient ; *d'azur à la bande componnée d'argent et de gueules de cinq pièces; le second compon chargé d'une étoile d'or et senestré d'une autre de même.*

2° Thérèse, née en 1688 ;

3° Maximilien, qui suit ;

4° Jeanne, née en 1691, qui fit son testament le 8 février 1732, et donna tout son bien à son frère Charles ;

5° Charles, né en 1696, père de Charlotte-Félicité, de Gabrielle-Sophie, d'Elisabeth-Parfaite et de Marie-Françoise. Les deux dernières moururent à la Martinique ;

6° Marie-Henriette, née au mois d'août 1702 ;

XIV. Maximilien, chevalier, seigneur de la Baugisière, né en 1690, marié, en premières noces, par contrat du 5 septembre 1708, avec Suzanne Fleury, fille de Pierre Fleury et de Jeanne Dousset, et, en secondes, par contrat du 30 septembre 1761, avec Louise-Henriette-Dorothée-Félicité-Gabrielle-Suzanne Green de Saint-Marsault, fille de Louis-Henri-Alexandre Green de Saint-Marsault, seigneur de l'Herbaudière, et de Madeleine-Suzanne Compaing, qui ne lui donna pas d'enfants. Il mourut en 1766, ayant eu de sa première femme :

XV.

1° Suzanne, femme de Claude Bardin, chevalier, seigneur de la Salle ;

2° Thérèse, femme de Marc-Antoine Tinguy, chevalier, seigneur de Saulnay ;

3° Marie, dame de la Baugisière ;

4° Jeanne-Louise-Modeste, dame de Pairé et ensuite de la Baugisière ;

5° Jeanne-Marguerite, femme de Charles Racodet, chevalier, seigneur de la Vergnais. Ce mariage porta la Baugisière à la famille Racodet, qui la transmit aux Maynard.

Les Boutou avaient droit de sépulture et de litre dans

l'église de Saint-Michel-le-Cloux. Ce droit leur ayant été contesté en 1614, Philippe fit établir par témoin l'existence de l'écusson de ses ancêtres sur le pignon de l'une des chapelles latérales et sur son vitrail.

C'est à tort qu'on a écrit Bouton et non Boutou dans le *Dictionnaire des Familles de l'ancien Poitou*.

Les Boutou portaient : *d'argent à trois roses de gueules boutonnées d'or*.

Nous avons extrait la filiation des Boutou de nos archives de la Baugisière ; de celles de la préfecture des Deux-Sèvres ; de la collection de M. B. Fillon ; de la chronique paroissiale de Notre-Dame de Fontenay, par M. l'abbé Aillery, conservée dans les archives de cette église ; de l'*Histoire de la Maison de Chasteigner*, par André Duchesne, et du *Dictionnaire des familles de l'ancien Poitou*, par M. Beauchet-Filleau.

BUOR. Famille d'origine chevaleresque et si nombreuse en Bas-Poitou, qu'on lui appliquait le proverbe : *Battez un buisson et vous en ferez sortir un Buor ou un lièvre*. Le buor ou butor est un oiseau autrefois très commun en Poitou.

Les Buor possédèrent la Mothe-Freslon, paroisse du Champ-Saint-Père, pendant une longue suite d'années. Au XVIe siècle, ils se firent calvinistes et fournirent des chefs aux insurgés ; entr'autres Baptiste, dit le capitaine *La Lande*, homme de mérite, si l'on en juge par sa correspondance.

Colbert de Croissy parle des Buor dans son rapport et confirme ce passé : « Le sieur de La Lande-Buor, gentilhomme d'ancien nom et d'ancienne noblesse, réside ordinairement à La Lande-Buor, près Montaigu. Il est de la religion prétendue réformée et a beaucoup de crédit parmi la noblesse ; est estimé riche de huit à dix mille livres de rentes. Il y a un cadet de cette maison appelé Hélie Buor, seigneur de la Négrière, qui réside à la paroisse de Saint-Hilaire-de-Loulay, élection de Mauléon. En l'élection des

Sables, il y a plusieurs Buor, savoir : en la paroisse de Vayré, François Buor, seigneur de la Chevalière ; en la paroisse des Clouzeaux, Jean Buor, seigneur de Lavoy, tous deux braves au possible, et qui ont servi toute leur vie ; en la paroisse de Chaillé, Jacques Buor, seigneur de la Brille. (p. 21). »

Les Buor portent : *d'argent à trois coquilles de gueules et au franc quartier d'azur.*

CATHUS ou plutôt CATUS. Les Catus étaient originaires des environs de la Garnache, sur les confins du Bas-Poitou et du pays de Rais. Maurice, l'un d'eux, que nous avons vu assister en qualité de témoin, en 1182, avec Aimery Mainard, aux dernières dispositions de Pierre de Bouille, fut senéchal de cette châtellenie. Un de ses descendants, possessionné aux environs de Machecoul, et, dès-lors, vassal des ducs de Bretagne, figura au *Combat des Trente*, l'un des plus brillants épisodes des guerres du XIVe siècle. On peut consulter à ce sujet le travail que vient de publier, sur ce grand duel, M. Pol de Courcy.

D'autres arrière-petits-neveux de Maurice Catus restèrent dans le Talmondais où ils devinrent propriétaires du manoir des Granges, paroisse de Saint-Hilaire-de-Talmond, et, pendant plus de deux siècles, occupèrent un rang honorable dans la principauté. Plusieurs furent capitaines du château. L'un d'entr'eux, Jehan Catus, fit reconstruire, après avoir pris part aux guerres d'Italie, la gentilhommière des Granges, qu'il rendit l'un des plus charmants spécimens du style de la renaissance dans notre pays.

Le nom s'est éteint, dans la seconde moitié du XVIe siècle, en la personne de Marie, petite-fille de Jehan Catus, et femme de Jehan de la Haye, lieutenant-général du Poitou.

Les Catus portaient : *d'azur semé d'étoiles d'argent, au lion d'or brochant sur le tout;* c'est du moins ainsi qu'elles sont sculptées en plusieurs endroits du château des Granges, gravées sur le portrait de Julien Mauclerc ( *Voir la note consacrée à cette famille* ), et peintes enfin sur une bulle donnée en 1526, par Clément VII à Jehan Catus [1].

CAUMONT-LA-FORCE. La maison de Caumont-la-Force, l'une des plus anciennes et des plus illustres de France, est originaire de la Gascogne. Le père Anselme lui donne pour premier auteur connu Calo, seigneur de Caumont, qui vivait dans la première moitié du XIᵉ siècle et donna son nom à sa terre, laquelle fut nommée Calomont, puis Caumont. Ce généalogiste croit que Calo fût aïeul de Calo II, seigneur de Caumont, qui accompagna Godefroy de Bouillon à la première croisade. La filiation est établie sans interruption depuis Richard, seigneur de Caumont, vivant en 1200.

Cette famille a donné deux maréchaux de France. Jacques-Nompar de Caumont, duc de la Force, né en 1559, était fils de François de Caumont, qui fut massacré à la Saint-Barthélemy. Echappé à la mort par une sorte de miracle, le jeune la Force resta dans sa famille jusqu'au moment où Henri IV, alors roi de Navarre, se mit à la tête des protestants. Il se rangea sous les drapeaux de ce prince, se signala dans différentes occasions et surtout à Arques. A l'avènement de Louis XIII, la Force se joignit aux mécontents ; mais, bientôt après, il rentra en grâce et fut nommé maréchal en 1622. Envoyé en Piémont, il prit Saluces en 1630, défit les Espagnols à Carignan, investit Lunéville en 1634, s'empara de Spire. Louis XIII érigea la Force en duché-pairie (1637). Son fils, Armand-Nompar, duc de Caumont-la-Force, fut fait maréchal de France en 1652. Les succès de Cour vinrent se joindre à la gloire acquise sur le champ de bataille. Antonin-Nompar de Caumont, duc de Lauzun,

[1] Notes manuscrites de M. B. Fillon.

favori de Louis XIV, nommé successivement lieutenant-général des armées, gouverneur du Berry et commandant de la maison du Roi, eut un moment le consentement de Louis XIV à son mariage avec M^lle de Montpensier, petite-fille d'Henri IV. On sait comment il s'attira la haine de M^me de Montespan, sa disgrâce, sa captivité de dix ans à Pignerol, son voyage en Angleterre, où il fut fait chevalier de la Jarretière par Jacques II. A la Révolution de 1688, il fit passer en France la Reine d'Angleterre et le prince de Galles. Rendu à la faveur de Louis XIV, il obtint, sur la demande de Jacques II, l'érection de la terre de Lauzun en duché (1692). Les femmes elles-mêmes, par la supériorité et le charme de leur esprit, ont contribué à l'éclat de la maison. Telles furent Charlotte-Rose de Caumont-la-Force, qui se consacra à la culture des belles-lettres et prit rang parmi les écrivains du XVII^e siècle, et, de nos jours, la célèbre M^me de Balbi, que son dévouement aux Bourbons et l'ascendant de son esprit firent exiler à Montauban sous le premier empire.

La maison de Caumont s'est alliée à celles d'Albret, d'Armagnac, de Cominges, de Cardaillac, de Castelnau, de Clermont-Gallerande, de Clermont-Lodève, de Belsunce, de Béthune-Sully, de Bourdeilles, de Foix, d'Estissac, de Goth, de Grammont, de Gallitzin, de Gontaut-Biron, de Durfort de Lorge, de Montaut de Navailles, de Mornay, d'Orléans-Longueville, de Bouillon (par le grand Turenne), de Pardaillan, de Pérusse d'Escars, de Périgord, de Saint-Simon, &c.

La branche de cette famille, aujourd'hui existante, est celle de Beauvillars, héritière de la grandesse d'Espagne des comtes d'Ossuna.

Les armes de la maison de Caumont-la-Force sont : *d'azur à trois léopards d'or l'un sur l'autre, lampassés, armés et couronnés de gueules.*

CHABOTTÉ. Les Chabotté appartenaient à cette classe de
propriétaires, dont il est très difficile de faire la différence
avec la noblesse, antérieurement au commencement du
XVIᵉ siècle, si tant est qu'elle n'en fit pas partie. Au XVᵉ, Bertrand Chabotté, l'un des ancêtres de la femme de François
Maynard, prenait seulement la qualification de paroissien de
la Chaize-le-Vicomte. Son arrière-petit-fils Jehan se qualifiait
au contraire écuyer sous Louis XII. Il habitait près de Sainte-
Hermine. Nous ferons, au sujet de cette famille, une obser-
vation qui s'applique à une foule d'autres. L'une des branches
cadettes, étant tombée dans la pauvreté sous François Iᵉʳ, fit
commerce, afin de subvenir à ses besoins, et suivant, pendant deux générations, une pente descendante, ses représentants tombèrent, dans les premières années du XVIIᵉ siècle,
au rang des simples artisans. Enrichis plus tard, grâce à
l'industrie de l'un d'eux, ils réclamèrent de Louis XIV des
lettres de réhabilitation qui leur furent longtemps refusées,
quoiqu'en réalité leurs ancêtres eussent joui des priviléges
de la noblesse. On pourrait citer de nombreux exemples du
même fait. En Angleterre, l'aristocratie comprenait mieux
ses intérêts et ne se fermait pas les voies de la fortune, en
interdisant un travail honorable à ses membres.

C'est à tort que, dans les autres généalogies de la famille
Maynard, on a confondu les Chabotté avec les Chabot.

CHASTEIGNER. Maison poitevine d'ancienne chevalerie,
originaire de la Chasteigneraye, fief qu'elle posséda probablement dès les débuts de la féodalité, et auquel elle doit
son nom, si elle ne lui a pas, au contraire, imposé le sien.
Cette seigneurie sortit de ses mains au milieu du XIVᵉ siècle,
par le mariage de Savary de Vivonne avec la dernière représentante de la branche aînée.

Au XIIIᵉ siècle, les Chasteigner étaient chevaliers bannerets. Lors de l'accord passé, au mois de mai 1269, entre

Alphonse et les quinze principaux barons du Poitou, au sujet du rachat des fiefs à merci, Thibaud Chasteigner, seigneur de la Chasteigneraye, figura parmi eux. Les archives de France possèdent l'original de cet acte. (*J. 192*, n° 49).

Thibaud devait ce rang élevé à ce que, indépendamment d'autres terres considérables, il était propriétaire d'une portion de Fontenay, et à ce que le frère de Saint-Louis avait intérêt, par conséquent, à s'assurer la fidélité d'un vassal influent, chargé, pendant plusieurs mois de l'année, en vertu du lien féodal, de la garde du château de la nouvelle capitale du Bas-Poitou.

La maison de Chasteigner s'est divisée en plusieurs branches, qui, toutes, ont possédé de riches domaines et se sont alliées à la plupart des principales familles de l'ouest et du centre de la France. L'une d'elle a fourni plusieurs chevaliers de l'ordre de Saint-Michel, un chevalier du Saint-Esprit, un ambassadeur de France à Rome, et un évêque de Poitiers. Quelques-uns de ses membres eurent l'amour des lettres et furent liés d'amitié avec nombre de savants hommes de leur temps.

La branche à laquelle appartenait Marie, femme de Laurent Maynard, était allée s'établir, au XIIe siècle, dans le Talmondais et aux environs de Challans. Le premier personnage connu est Barthélemy, qui, avant de partir pour Jérusalem, donna à l'abbaye de Boisgrolland, moyennant quatre livres de deniers angevins, la terre qu'il possédait *apud Ciconiam*. Le cartulaire de ce monastère renferme l'acte dressé à cette occasion [1] : il est de la fin du XIIe siècle, et a sans doute été fait au moment où les chevaliers du Talmondais se préparaient à suivre en terre sainte Richard-Cœur-de-Lion, leur seigneur ; c'est-à-dire en 1190.

---

[1] V. cartulaires du Bas-Poitou, publiés par M. P. Marchegay, p. 244. Ce document, d'une irrécusable authenticité, prouve qu'on eut dû placer les armes des Chasteigner dans la salle des croisades, à Versailles.

Le même cartulaire et celui de l'abbaye des Fontenelles contiennent plusieurs autres mentions de ces Chasteigner, seigneurs du Breuil de Challans et de divers fiefs situés en Bas-Poitou. Jacques, aïeul de Marie, était encore en possession du Breuil. Guy, son père, seigneur des Villates, avait épousé Jeanne Mauclerc, dont elle fut l'unique enfant. C'est donc à tort qu'André Duchesne, et les autres généalogistes de la maison de Chasteigner, ont prétendu que Guy était mort sans avoir eu de postérité. Plusieurs titres originaux démentent cette assertion.

Les seigneurs du Breuil de Challans se sont fondus dans les familles de Beaumont et Guischard d'Orfeuille.

Les Chasteigner portent : *d'or au lion posé de sinople armé et lampassé de gueules.*

Le nom de Chasteigner, très commun en Poitou et dans les provinces voisines, a été porté et l'est encore par un grand nombre de familles qui n'ont aucun point de contact avec celle dont nous venons de parler.

Citoys. Les ancêtres de Jeanne Citoys, femme de Christophe Maynard (deuxième du nom), sortaient de l'échevinage de Poitiers. Elle était petite-fille de Pierre Citoys, avocat, (neveu de François, doyen de la faculté de Poitiers et médecin du cardinal de Richelieu), qui fut sénéchal de Luçon, et acheta avec la dot de Renée Gordien, sa femme, d'une famille d'artisans de Fontenay, la terre de la Touche-au-Blanc.

Cette famille a produit de nombreuses branches, qui se sont toutes établies dans le Haut et Bas-Poitou.

Les Citoys portent : *d'argent au chevron de gueules accompagné de trois pommes de pin d'azur.*

Després. Plusieurs familles Després sont originaires du Poitou. Celle alliée aux Maynard commence à apparaître à la fin du xv<sup>e</sup> siècle ou dans les premières années du xvi<sup>e</sup>. L'une de ses branches acquit au xvii<sup>e</sup> siècle la petite seigneurie d'Ambreuil, située sur le bord des marais voisins de Fontenay, et en ajouta le nom au sien. C'était à tort qu'une autre avait pris celui de Montpezat; car la maison d'où sont sortis les deux grands sénéchaux de notre province était du Quercy, et n'avait pas le moindre rapport avec les Després poitevins.

Ces derniers portent : *d'or à trois bandes de gueules, au chef d'azur chargé de trois étoiles d'or.*

FOUCHER. Les Fouschier, Fouscher et enfin Foucher, orthographe qui a prévalu, paraissent avoir possédé la terre des Herbiers, en Bas-Poitou, dès la fin du xii<sup>e</sup> siècle. Leur filiation suivie est cependant assez difficile à établir antérieurement au milieu du xiii<sup>e</sup> siècle. On possède une généalogie manuscrite de cette maison de la main du savant Jean Besly, et une autre de Sainte-Marthe.

Parmi ceux de ses membres qui ont acquis une certaine illustration, on cite Jacques, seigneur du Gué-Sainte-Flaive, nommé chambellan de Louis XI, par brevet du mois d'août 1463; Jehan, dit le baron de Retz, chevalier de l'ordre, gentilhomme de la chambre de Henri II; Jacques, chevalier de l'ordre, qui servit sous Henri IV et Louis XIII, et beaufrère de Léon du Chastelier-Barlot; Germain, fils du précédent, premier gentilhomme de Gaston, père de Louis XIII et colonel d'un régiment de pied, tué au siége de Catelet, &c.

La famille Foucher porte : *de sable au lion d'argent.*

DUCHILLEAU. On commence à trouver au xiv<sup>e</sup> siècle la mention du nom de cette famille. Elle paraît être originaire de Vasles, près de Menigoutte (Deux-Sèvres). Parmi les maisons auxquelles elle s'allia, nous indiquerons les Gillier, les Goulard, les Mathefelon, les Poussart, les Chevalleau, &c.

Pendant le dernier siècle, quelques-uns de ses membres se distinguèrent dans les armées de terre et de mer. L'un d'eux, Marie-Charles, titré marquis Duchillau, fut grand'-croix de Saint-Louis et gouverneur de Saint-Domingue et des Iles-sous-le-Vent. Sa seconde femme, Jeanne-Elisabeth-Floride de Montulé, avait un vrai talent d'amateur comme paysagiste. Elle était élève de Pillement. Jean-Baptiste, de la branche de la Charrière, fut tour-à-tour aumônier des reines Marie-Leczinska et Marie-Antoinette, évêque de Châlons-sur-Saône et archevêque de Tours, où il mourut le 26 novembre 1824. Louis XVIII l'avait aussi nommé pair de France le 31 octobre 1822.

Les Duchilleau portent : *d'azur à trois moutons paissants d'argent.*

Du Fouilloux. Plusieurs maisons ont pris le nom du Fouilloux, donné à un certain nombre de petits fiefs situés dans diverses provinces. Il y en avait au moins deux en Poitou. Celui possédé, dès le XIIIᵉ siècle, par la famille qui a produit le célèbre veneur, était placé à petite distance de Parthenay. Le Maine avait aussi le sien, et tout le monde connaît, grâce à Tallemant des Reaux, les aventures du jeune sain-tongeois, Charles de Maux, seigneur du Fouilloux en Arvert, dont M. de la Morinerie nous a, tout récemment, raconté la vie dans une spirituelle brochure [1].

Jacques du Fouilloux a résumé en deux vers l'histoire de ses ancêtres :

> Volontiers nostre généalogie
> Les filles aime, armes et vénerie.

C'était une race de vigoureux et gais gentilshommes qui

---

[1] *Charles de Maux, seigneur du Fouilloux, enseigne des gardes du corps d'Anne d'Autriche, 1650-1652. — Paris, imprimerie de Pillet, fils ainé, janvier 1854. — In-8° de 15 pages.*

ne s'écartèrent jamais, en effet, de cette règle de vie, jusqu'à l'entière extinction de leur lignée. On dit même que les femmes de cette maison eurent le privilége de l'apporter en dot à leurs maris et de la passer à leurs descendants, avec le sang des du Fouilloux.

Le premier personnage du nom que nous trouvions mentionné dans les documents écrits est Simon (*Symon de Falloso, valetus*), vivant à la fin du XIIIe siècle. Guillaume, son fils ou petit-fils, était châtelain de Thouars en 1323.

Loys du Fouilloux, un de leurs arrières-neveux, épousa Jehanne de la Rochefoucauld, fille de Guillaume de la Rochefoucault, seigneur de Nouhans, de Melleran, de la Bergerie et du Parc-d'Archiac, et de Marguerite de Torsay. Elle lui apporta, en 1487, la terre du Chastenet, cession confirmée par un partage de 1506. Ce mariage établit entre Loys et plusieurs maisons de la plus haute noblesse des liens d'étroite parenté[1]. Qu'il nous suffise de dire que les frères et sœurs de sa femme firent alliance avec celles de Beauvau, de Beaumanoir de Lavardin, du Plessis et de la Rochefaton, et que Philippe, l'une de ces dernières, fut l'épouse de Charles de Melun, seigneur de Normanville, grand-maître de France et lieutenant-général du royaume, sous Louis XI (1465), qui signa le traité de Conflans et mit fin à la guerre, dérisoirement dite du *Bien-Public*. Accusé ensuite d'avoir des relations secrètes avec les chefs de la ligue hostile à la royauté, il fut condamné à mort et exécuté en 1468. Charles VIII réhabilita sa mémoire.

Loys du Fouilloux et Jehanne de la Rochefoucauld eurent pour enfants : Guillemette et Antoine[2]. On a vu que Guille-

---

[1] *Histoire généalogique de la maison de France*, par le P. Anselme. —Article la Rochefoucauld.

[2] M. Pressac, dans sa *Notice sur Jacques du Fouilloux*, parle, à la page 8, d'une sœur présumée de ceux-ci; mais rien n'appuie cette supposition.

mette s'était mariée avec Antoine Maynard. Le contrat fut passé au Fouilloux, le 8 octobre 1482. En faveur de cette union, le père de la mariée lui assura cinquante livres de rentes, six cents livres tournois le jour des épousailles, et ledit Maynard promit, de son côté, en douaire à sa future femme, l'hôtel de la Vergne-Cornet, avec ses dépendances, dans le cas où il viendrait à mourir avant elle.

Antoine du Fouilloux, beaucoup plus jeune que sa sœur Guillemette, prit pour femme Guérine Taveau, fille de Mathurin Taveau, chevalier, baron de Montemer, et de Renée Sanglier. Parmi les biens qu'elle lui apporta, figurait le manoir de Bouillé, près de Maillezais, venant de Renée Sanglier. Une fille, nommée Jehanne, fut le premier fruit de leur mariage. Elle épousa Hardy Catus, seigneur des Granges. Le 31 mars 1521, vint au monde un autre enfant, qui couta la vie à sa mère en voyant le jour. Cet enfant était le spirituel veneur dont nous allons raconter la vie.

« Nous ne possédons aucuns détails biographiques sur le compte de Jacques du Fouilloux, » disait la notice placée en tête de la dernière édition de *la Vénerie*, publiée à Angers en 1844. Par une singularité qu'on rencontre trop souvent dans l'histoire des lettres, pendant que les bibliophiles signalaient minutieusement les différentes éditions qu'on a données de *la Vénerie*, personne ne s'occupait de du Fouilloux. Le livre avait absorbé l'auteur : aussi les plus minces éléments d'une biographie manquaient-ils complétement jusqu'à ce jour. La *Biographie universelle* lui consacre à peine une colonne, et se borne à parler de *la Vénerie*. La *Bibliothèque historique et critique du Poitou* ne s'explique pas davantage sur son compte.

La découverte des papiers de sa famille nous permet de combler cette lacune et de donner les renseignements les plus exacts sur sa vie.

Il naquit, dans les premiers jours de mars 1519, au châ-

tcau du Fouilloux, paroisse de Saint-Martin en Gâtine, bâti
sur le point le plus culminant du Haut-Poitou (département
des Deux-Sèvres). Sa mère, Guérine Taveau de Mortemer,
dame de Bouillé[1], mourut en lui donnant le jour. Ayant
perdu ses parents de bonne heure, il fut d'abord mis sous
la tutelle de Jehan de Viron, avocat[2], et ensuite sous
celle de René de la Rochefoucault, son oncle à la mode de
Bretagne, qui l'emmena chez lui à Bayers, puis à Liniers,
château situé près de Saint-Maurice de la Fougereuse, non
loin de Thouars.

Jacques du Fouilloux n'eut pas à se louer de la manière
dont son tuteur administra ses biens, si l'on en juge par le
procès qu'il eut, en 1540, avec sa veuve, aussitôt sa majorité. Cependant son éducation ne fut pas négligée, et le
style de son livre prouve qu'on prit même un grand soin de
développer ses facultés intellectuelles, et qu'on lui permit
de se livrer de bonne heure à son goût dominant pour la
chasse, passion qu'il conserva toute sa vie.

> ... Évitant sans cesse la paresse,
> A ce plaisir exerçay ma jeunesse
> Qui est commun aux princes et seigneurs,
> Comme avoient fait mes prédécesseurs.

Mais le jeune gentilhomme aspirait à une liberté plus
complète. Arrivé à l'âge de dix-sept ans, il lui prit « envie
de s'émanciper. » et un beau matin il s'échappa de Liniers
avant l'aube, « n'oubliant rien, sinon à dire adieu, » et
suivi de son limier Tire-Fort. Tandis qu'il vaguait à travers
la campagne, un cerf partit; il se mit aussitôt à sa pour-
suite, et arriva, non sans quelques aventures[3], dans sa

---

[1] C'est dans les archives de ce château, placé entre Oulmes et Maillezais, que les titres de la famille du Fouilloux ont été retrouvés.

[2] Les de Viron étaient gentilshommes. Leurs armes étaient : *d'argent
à une bande d'azur.*

[3] Voir le poëme de l'*Adolescence de J. du Fouilloux.*

chère Gâtine, qu'il avait abandonnée depuis l'âge de cinq ans. Ce fut ainsi qu'il fit son entrée dans le monde, et, depuis, les lettres et le plaisir furent ses seules occupations (1536).

Du Fouilloux épousa, le 20 août 1554, Jeanne Berthelot, fille de René Berthelot, conseiller au parlement de Paris, et de Jeanne d'Ausseure. Celle-ci était douée de beaucoup d'attraits, au dire du poëte J. de la Péruse, et était une riche héritière ; mais, habituée à la rigidité des familles parlementaires, elle ne put se faire aux allures dissipées de son mari, et cette antipathie d'humeurs engendra des querelles incessantes qui firent le tourment du ménage. Béroalde de Verville raconte la méthode brutale et singulière dont du Fouilloux se serait, dit-on, servi une fois pour vaincre l'humeur acariâtre de sa femme. Il paraît néanmoins à peu près démontré que cette anecdote est controuvée.

Du Fouilloux eut de Jeanne Berthelot un seul fils, qui fut page de Guy de Daillon, sieur du Lude, gouverneur du Poitou, et qui mourut à peine âgé de seize ans, peu de temps après sa mère.

Notre veneur chercha malheureusement dans les faciles amours des consolations à ses chagrins domestiques. Une note conservée à la Bibliothèque nationale, section des titres généalogiques, assure qu'il présenta à Henri III, lors du séjour qu'il fit à Poitiers en 1577, une compagnie de cinquante hommes uniquement composée de ses bâtards. Ceci est évidemment encore un conte fait à plaisir, mais qui caractérise les mœurs et la réputation de du Fouilloux. Une belle jeune fille de Bouillé, nommée Jehanne Limouzin, lui donna, entr'autres, sept à huit enfants, dont quelques-uns prirent le nom de du Fouilloux, qu'ils transmirent à leurs descendants.

Il finit ses jours le 5 août 1580, à l'âge de soixante et un ans, laissant pour héritière d'une fortune assez considérable la fille de sa sœur, Marie Catus, seconde femme de Jean de la Haye, lieutenant-général en la sénéchaussée de Poitiers.

Le Chroniqueur Michel le Riche, notant, dans son journal, la mort de Jacques du Fouilloux, en trace le portrait suivant : « C'était un homme droit en ses promesses et de bon naturel, qui oncques ne voulut faire tort à autrui, sauf qu'il a toujours aimé ses plaisirs d'avec les filles, dont il en a débauché par ses blandices plusieurs, qu'il a toutefois dotées et leur a fait du bien et à ses bâtards. Et ne laissait de s'accoster d'elles encore qu'il fut marié.... »

Jacques du Fouilloux doit sa célébrité au livre de *la Vénerie*, ouvrage écrit avec beaucoup de gaieté, de verve et d'originalité, et rempli d'observations curieuses dont, les travaux des naturalistes modernes ont démontré l'exactitude. La première édition parut à Poitiers, en 1561, chez les Marnef et les Bouchet frères. Le privilége est daté d'Orléans, le 23 décembre 1560. En tête de ce volume, de format petit in-folio, et orné de nombreuses gravures en bois, est une dédicace adressée à Charles IX, qui est l'expression complète de la philosophie de l'auteur. « Il est certain et notoire à chacun, y dit-il au Roi, que de tout temps les hommes se sont adonnés à plusieurs hautes et occultes sciences : les uns à la philosophie pour contenter leurs esprits, les autres aux arts méchaniques pour acquérir des richesses. Les inventions desquels ont en tant de manières esté esparses, que de les desduire et nombrer par le menu, seroit quasi chose impossible. De façon qu'après avoir le tout bien examiné et considéré, enfin je me suis arresté à ce qu'à dit ce grand et sage roy Salomon : Que toutes choses qui sont souz le soleil ne sont que frivole vanité ; d'autant qu'il n'y a science ny art qui puisse allonger la vie plus que ne le permet le cours de nature. Pour ce m'a-t-il semblé, Sire, que la meilleure science que nous pouvons apprendre (après la crainte de Dieu), est de nous tenir et entretenir joyeux, en usant d'honnestes exercices, entre lesquels je n'ay trouvé aucun plus noble et plus recommandable que l'art de la vénerie. »

On ne peut rien ajouter à ces quelques lignes : elles peignent l'homme tout entier. Sceptique ou plutôt indifférent en matières de religion, à une époque de grand zèle, il ne prit aucune part aux guerres civiles qui bouleversèrent la province où il vécut. Il fit en sorte de « s'entretenir joyeux, » et de se renfermer dans un voluptueux égoïsme.

*La Vénerie* a été réimprimée vingt-deux fois en France, trois ou quatre fois en Allemagne, et une à Milan. On a joint à quelques-unes de ces nombreuses éditions *la Fauconnerie* de Jean de Franchières, *la Chasse au loup* de Clamorgan, et *le Miroir de fauconnerie* de Pierre Harmont. Ce livre dut sa grande vogue à la passion de la noblesse pour la chasse : pendant un siècle et demi, on le trouva dans tous les châteaux. Malgré le nombre considérable d'exemplaires répandus, il est devenu fort rare aujourd'hui, par cela même qu'il a été beaucoup lu, beaucoup étudié, et les bibliophiles se le disputent, surtout lorsqu'il apparaît en éditions primitives.

Le poëme de l'*Adolescence de Jacques du Fouilloux* est d'une versification simple et facile, comme tout ce que composa l'auteur. Il fait suite à *la Vénerie*.

Le portrait, donné dans le *Magasin pittoresque*, est la copie d'un dessin attribué à F. Clouet, dit Janet, esquissé à la pierre noire, et légèrement retouché au crayon rouge. L'aspect de la physionomie indique que du Fouilloux avait de trente à trente-cinq ans lorsque ce dessin fut exécuté, c'est-à-dire vers 1553, époque à laquelle on sait que notre veneur suivait la cour. Les cheveux et la barbe d'un blond ardent, le teint coloré et l'œil émérillonné, annoncent une nature énergique et passionnée [1].

[1] Collection de M. Desperret, dessinateur, Paris.

La famille du Fouilloux portait : *palé d'argent et de sable de six pièces, à la fasce d'azur sur le tout.*

Cette notice est extraite des manuscrits de M. B. Fillon, qui l'a déjà fait insérer en partie dans le *Magasin pittoresque* de 1852, et y a publié la gravure du portrait de Jacques. On peut aussi consulter la *Notice généalogique, biographique et littéraire sur Jacques du Fouilloux* (par M. Pressac). *Poitiers, imprimerie de A. Dupré, 1852, in-8°.*

GALLIER-GARNIER. Raoul Gallier, écuyer, seigneur de Guignefolle, échevin du corps de ville de Fontenay, d'une famille de commerce et de tabellionage, qui prétendait à la noblesse et avait obtenu du conseil de régence de Charles VIII l'autorisation de patrociner et de commercer sans déroger, épousa, par contrat du 16 décembre 1554, Claude Tiraqueau, fille d'André Tiraqueau, conseiller au parlement de Paris, célèbre jurisconsulte, et de Marie Cailler. André Gallier, un de leurs enfants, fut président en l'élection de Fontenay, et eut de Catherine Garipault, sa femme, deux filles, savoir :

1° Claude, mariée, par contrat du 15 janvier 1591, avec Jean Picard, seigneur de la Tousche-Mouraud, trésorier de France à Poitiers, dont l'une des filles fut femme de Philbert de Thurin, président au grand conseil, fils de cet autre président de Thurin, qui a donné lieu à Tallemant des Réaux d'écrire l'une de ses plus piquantes historiettes ;

2° Suzanne, femme de Jean Garnier, seigneur de la Guérinière, conseiller au parlement de Bretagne, issu de la bourgeoisie de Parthenay, qui a figuré honorablement dans la magistrature de Poitiers. Jean Garnier était fils de François Garnier, seigneur de Mouremet, et de Françoise Ranfray.

André Gallier, qui était le plus riche magistrat du Bas-Poitou, exigea, en mariant ses filles, que les enfants de celles-ci joignissent le nom de famille de leurs mères à ceux de leurs pères et donnassent le premier rang à celui de Gallier. Ils s'appelèrent donc Callier-Picard, Gallier-Garnier.

De Suzanne et de Jean Garnier naquirent :

> 1° François Gallier-Garnier, écuyer, seigneur de Surin, conseiller du Roi au grand conseil et conseiller d'Etat ;
>
> 2° Claude, mariée, par contrat du 14 septembre 1625, avec Louis de Raymond, seigneur des Champs-Saint-Grégoire, mestre de camp au régiment de Navarre, originaire de la ville de Cahuzac, en Agenois. Le contrat de mariage fut signé par François de la Rochefoucauld, l'auteur des *Maximes*, qui habitait alors Fontenay avec sa mère, fort liée d'amitié avec Suzanne et Claude Gallier. Le même personnage fut également parrain, le 27 septembre 1621, de François-Gabriel, fils de Raoul Gallier-Picard. On sait que le père du célèbre écrivain était, à cette époque, gouverneur du Poitou, et qu'il se maria lui-même en cette province avec Andrée de Vivonne, héritière de la branche de la Châtaigneraye ;
>
> 3° Catherine, femme de Christophe Maynard ;
>
> 4° Pierre, qui entra dans les ordres et mourut assez jeune. Il devait avoir un canonicat à Paris.

Nous avons dit dans le corps de la généalogie, à combien de maisons illustres ou distinguées son mariage rattacha Christophe Maynard. Il y avait eu fusion, depuis le milieu du XVIe siècle, entre les familles de robe et d'épée, et, de ces nombreuses alliances, étaient nés des intérêts et des tendances qui favorisèrent la marche nouvelle imprimée à la société française.

Les Gallier-Garnier portaient : *de sable à trois roses d'argent.*

GATTINAIRE, GATINAIRE. Le vrai nom de cette famille était
*Arborio*. Quant à son origine, elle est fort problématique.
Les uns, tels que Guicciardini, Draudius et Moreri, la font
assez humble; les autres, comme M. le Glay, la rattachent
à la maison d'où est sorti Giovani De Gli Arborei, évêque de
Turin au milieu du XIIIᵉ siècle. Le chancelier Mercurino
Arborio de Gattinara dit catégoriquement dans un mémoire
fait à l'occasion d'attaques violentes dirigées contre lui :
« Je prouverai, par des titres authentiques, que je suis
» originaire de Bourgogne, issu d'une famille qui florissait
» en grande réputation et puissance du temps de l'empereur
» Barberousse, et, depuis, dans la ville de Verceil en Pié-
» mont, dont mes prédécesseurs avaient le gouvernement,
» avec plusieurs villages qui leur appartenaient. La ville de
» Gattinara ayant été bâtie en 1251, ma famille, qui a tou-
» jours porté le nom d'Arbois *(Arborio)*, y a dominé; elle
» n'y reconnaissait aucun supérieur. Elle s'est ensuite sou-
» mise à la protection des comtes de Savoie. » Ces détails
sont, nous le croyons, de nature à trancher la difficulté et
à écarter le voile jeté sur les commencements de cette noble
race.

Du mariage de Paolino Arborio di Gattinara et de Félicita
Ranzo naquirent plusieurs enfants, entr'autres :

      1° Mercurino;

      2° Carle;

      3° César, tige des Gattinaire du Poitou.

Mercurino reçut le jour en 1465, au château d'Arborio,
non loin de Verceil. Il se livra à l'étude du droit, à l'instar
de beaucoup de gentilshommes italiens, et se fit recevoir
docteur. Philibert le Beau instruit de son savoir et de sa
capacité, le choisit pour l'un de ses conseillers, et Marguerite d'Autriche, veuve de ce prince, le nomma un peu plus
tard son avocat et ensuite son chancelier. L'empereur Maximilien, à la recommandation de sa fille, le créa président

de la justice de Franche-Comté. Charles-Quint, ayant succédé à Maximilien, fit encore davantage pour lui ; il l'attira près de sa personne, le combla d'honneur et de richesses, le chargea, en qualité d'ambassadeur, de ses intérêts les plus graves, lui confia enfin la direction du conseil privé des Pays-Bas et les sceaux de l'empire.

Peu de ministres eurent autant d'influence que Mercurino sur les événements accomplis autour d'eux ; mais autant ses maîtres eurent à se louer de ses services, autant la France eut, quoiqu'on puisse dire, à se plaindre de ses préventions exagérées. Devenu veuf d'Andrietta De Gli Avogadri, il entra dans les ordres et obtint de Clément VII, le 13 août 1529, le chapeau de cardinal, et, quelques mois après, l'évêché d'Ostie. Il mourut à Inspruck, le 5 juin de l'année suivante, au moment où il venait de provoquer la réunion de la fameuse diète d'Ausbourg, destinée à tenter, s'il était encore possible, une réconciliation entre les catholiques et les luthériens d'Allemagne.

Elisa, sa fille unique, épousa Alessandro, comte de Lignana di Settimo.

La seigneurie de Gattinara, qu'il avait fait ériger en comté par l'Empereur, passa à son frère Charles.

Le chancelier Gattinara était un homme très instruit, doué d'un esprit original et élevé, que révèle surtout sa correspondance. Il entretenait un commerce de lettres avec plusieurs savants, entr'autres avec Erasme. Titien a peint son portrait en 1529.

Nous n'avons pas à nous occuper de Charles qui resta en Piémont. César, le plus jeune des trois frères, s'attacha, au contraire, au parti français, et suivit la fortune de Charles VIII et de Louis XII. Forcé de passer en France, il s'y maria, vers 1500, avec Françoise Bastard, dame de la Preuille, près Montaigu en Bas-Poitou, fille ou nièce de l'un de ses compagnons d'armes. Ce n'est pas le seul mariage qui se soit fait à cette époque entre italiens et poitevins. Après la mort de Françoise, il épousa, en 1519, Jeanne de Goulaine, fille de Robert de Goulaine, seigneur de l'Audouinière, qui ne lui donna pas d'enfants.

Les descendants de César de Gattinaire, nom francisé qu'il avait adopté, possédèrent, outre la Preuille, plusieurs fiefs voisins, tels que le Hallay en Boufféré, la Bégaudière en Saint-Sulpice, la Papinière en Treize-Septiers, &c., &c. Ils s'éteignirent au milieu du XVIIIe siècle, et se fondirent dans la famille Paris de Soulanges, dont le dernier mâle, Claude-René Paris, comte de Soulanges, chef d'escadre, périt à Quiberon, fusillé avec son gendre Boiséon, le 21 juillet 1795.

Les Gattinaire portaient : *d'azur à deux os de mort d'argent passés en sautoir, accompagnés de quatre fleurs de lis d'or, 1, 2, 1.*

M. le Glay a donné une intéressante notice sur le chancelier Gattinara, dans les *Mémoires de la Société des sciences, de l'agriculture et des arts de Lille*, année 1847, page 183. En tête est son portrait d'après celui gravé pour l'*Istoria della Vercellese litteratura ed arti* de Gregori (deuxième partie, page 61). C'est la reproduction de celui peint par le Titien. Il existe aussi une médaille en son honneur. Elle représente au revers un autel portant le mot FIDES, et au-dessus un phénix s'élançant des flammes, avec la légende : ISTAM SOLA FIDES TERRIS, SOLA FIDES CONIVNXIT SVPERIS.

GIRARD. Maison de très ancienne chevalerie, originaire du Talmondais, où elle figure dès le XIIe siècle. Quelques-uns de ses membres furent sénéchaux de la principauté à cette époque. Depuis, les Girard se maintinrent toujours au niveau de leur origine, s'allièrent à une foule de familles des mieux posées et occupèrent diverses charges importantes.

Au XV<sup>e</sup> siècle, ils se firent recevoir bourgeois de la Rochelle et arrivèrent à la mairie de cette ville. Pendant les guerres de religion, ils demeurèrent dans le parti catholique. René, seigneur de la Roussière, l'un d'eux, fut nommé gouverneur de Fontenay en remplacement de Philippe de Châteaubriand. Ce fut sur lui que Henri de Navarre prit cette ville le 1<sup>er</sup> juin 1587.

« Le sieur de Beaurepaire des Eschardières-Girard, disait Colbert de Croissy en 1666, d'un nom fort ancien en Bas-Poitou, est un jeune gentilhomme bien fait, bien sévère catholique et qui promet beaucoup. Il sort de ses exercices. Son cadet a servi deux ans en qualité de cavalier, est fort honnête jeune homme et a beaucoup de cœur. Le troisième sort tout récemment du collége. Il y a environ six mille livres de rente en cette famille ; mais beaucoup de dettes. »

Les Girard ont possédé une foule de terres, entr'autres la Guignardière, paroisse d'Avrillé, ancienne propriété des Luneau ; la Roussière, vers Coulonges-les-Royaux ; les Eschardières, &c., &c., et le petit manoir de la Girardie, paroisse de Sérigné, près Fontenay, qui leur doit son nom.

Ils portaient : *d'azur à trois chevrons d'or.*

GUINDRON. Famille sortie des greffes de petite judicature, vers la première moitié du XV<sup>e</sup> siècle. En 1448, François Guindron était greffier de la juridiction seigneuriale de Bressuire, et son fils Pierre, licencié ès-lois, sénéchal de la Forest-sur-Sèvre. Ce dernier se qualifiait sieur de la Guindronnière, du nom d'une borderie qu'il avait fait anoblir. Jehan, fils ou neveu de Pierre, épousa Jehanne Bigot, d'une famille bourgeoise d'échevinage de Poitiers, arrivée à une position élevée dans la province, et alliée à la noblesse la plus influente. Ils eurent, entr'autres enfants, François, écuyer, seigneur de Puyrenard ou Puybesnard, qui contracta mariage avec Marie Maynard, fille de Jehan, auteur

de la branche de Dignechien. De leur union naquirent :
1° Jehanne, femme de Bernard Tabarit, médecin ; 2° Marie,
qui épousa, par contrat du 24 novembre 1557, passé à la
Forest-sur-Sèvre, Pierre Grelier, seigneur de la Jousselinière, capitaine du château de Fontenay ; 3° Pierrette,
femme de Loys Coffineau, bourgeois et receveur du tablier
de Châtillon, morte avant 1555.

Les Guindron paraissent s'être éteints à la fin du XVIᵉ siècle
ou au commencement du XVIIᵉ.

De la Haye. Plusieurs familles nobles ou plébéiennes ont
porté en Poitou le nom de la Haye. Celle qui a joué le principal rôle avait ajouté le nom de Passavant au sien. Elle est
éteinte depuis longtemps.

Les de la Haye-Montbault, alliés aux Maynard, commen-
cent à apparaître dans la seconde moitié du XIVᵉ siècle.
Aimond, l'un d'eux, fut gouverneur de Suze en 1528, et
chevalier de l'ordre. Olivier, son frère aîné, fut gentilhomme
ordinaire de la chambre sous François Iᵉʳ, et capitaine de
Tiffauges ; Joachim, fils de ce dernier, eut le collier de
l'ordre de Saint-Michel ; ainsi que Philippe, son petit-fils,
qui épousa Suzanne du Puy-du-Fou. Plusieurs autres membres de la famille reçurent également cette distinction, ce
qui implique de nombreux services rendus par elle à l'Etat.

Voici en quels termes s'exprime Colbert de Croissy sur les
de la Haye vivant au moment où il écrivait son rapport :
« Le sieur de la Godelinière-Passavant [1], chef de la maison
de la Haye-Passavant, Chastelier-Montbault, Godelinière,
qui est une des plus anciennes du Poitou, est bon catholique, résidant aux Herbiers, dont il est seigneur par
moitié, et y vit en bourgeois, quoique riche. Il a une autre
terre, appelée Moricq, proche la rivière de Saint-Benoist

---

[1] Louis de la Haye, seigneur de la Godelinière et des Herbiers, mari
de Noëlle de la Ville.

(le Lay), qui vaut quatre mille livres de rentes, et la moitié du Gast, vers la Roche-sur-Yon. L'autre moitié appartient à sa sœur, mariée au seigneur d'Acville, gentilhomme normand. En la paroisse de Saint-Vincent-sur-Graon, élection des Sables, il y a un René de la Haye, seigneur du Chastelier-Montbault. »

Colbert de Croissy se trompe doublement dans ce passage. D'abord il confond les de la Haye-Montbault et de la Haye-Passavant, qui n'ont entr'eux d'autres rapports que la similitude du nom. Il avait, sans aucun doute, sous les yeux en ce moment les fables insérées dans l'*Origine des Poïtevins*, livre attribué faussement au fameux Jehan de la Haye, lieutenant-général en Poitou, plébéien d'origine. Il a en outre le tort de considérer la branche de la Godelinière comme l'aînée, tandis que c'était au contraire René de la Haye, seigneur du Chastelier-Montbault, dont il fait aussi mention, qui était en réalité alors le chef de la famille.

Les de la Haye-Montbault portent : *d'or au croissant de gueules accompagné de six étoiles de même, 3, 2 et 1.*

HUYLLARD. Les Huyllard étaient marchands et bourgeois de la Rochelle au XVI⁰ siècle. L'un d'eux vint s'établir aux Sables-d'Olonne sous Charles IX, et eut, entr'autres enfants, un fils, nommé Jacques, qui fut licencié ès-lois et sénéchal des biens de la famille de Montausier. Il fut lui-même aïeul de Renée, femme de Jacques Taillefer de Montausier, et ensuite de François Maynard. Sa beauté fut sans doute cause de ces deux mariages successifs. Nous trouvons encore en 1671, aux environs des Sables, un Jacques Huyllard, écuyer, seigneur de la Papaudière et du Fief-d'Hommes, époux de Marie Pommeraye; il était frère de Renée.

Ce qui a été dit, dans quelques mémoires généalogiques, au sujet de la parenté de cette dernière avec les la Trémoille, vient de ce qu'elle était petite-nièce, par les femmes, de

Vincent Bouhier, seigneur de Beaumarchais, fils d'un armateur et marchand de morue des Sables-d'Olonne, qui arriva à la charge de trésorier de l'épargne sous Henri IV et Louis XIII, et dont les deux filles épousèrent, l'une, en premières noces, Louis de la Trémoille, marquis de Noirmoutier, et, en secondes, le maréchal de Vitry; l'autre le marquis, puis duc de la Vieuville, surintendant des finances. On sait avec quelle rigueur le cardinal de Richelieu fit poursuivre ce dernier et son beau-père, convaincus tous les deux de dilapidation des deniers de l'Etat.

Les Huyllard de la Rochelle portaient : *de gueules au lion d'or couronné d'argent, accompagné de cinq roses de même.*

JODOUIN. Les Jodouin habitaient, au xv⁰ siècle, la Gastine, où ils possédaient le petit manoir de la Roche-Maupertuis. Au xvi⁰, ils embrassèrent le protestantisme. Hercule, l'un d'eux, vint s'établir, dans les premières années du règne de Henri IV, à Marmande, paroisse de Saint-André-sur-Mareuil, diocèse de Luçon, et acheta, le 28 avril 1598, la Mothe-de-Frosse, paroisse de Corps. A partir de ce moment, la famille appartint au Bas-Poitou. Ayant pris les armes avec Soubise, Hercules fut tué, le 27 février 1622, dans une rencontre qui eut lieu près de Mareuil entre une centaine de cavaliers catholiques, commandés par Chasteaubriand des Roches-Baritaud, et quatre cents calvinistes sous les ordres de Henry Bastard, sieur de la Cressonnière. Son fils aîné eut le même sort. Le cadet, nommé René, épousa, par contrat passé à Fontenay le 11 mars 1636, Renée de Bessay, fille de Jonas de Bessay, chef protestant, et de Louise Chasteigner. Les Jodouin se sont éteints au xviii⁰ siècle.

LE LANGON. « Le nom primitif de ce très ancien bourg, situé sur les confins de la Plaine et des marais de la Vendée et de la Sèvre, était vraisemblablement *A lingonium*, (comme celui de Langon sur la Garonne), dont on a fait d'abord l'Alingon, puis l'Alangon, et, enfin, le Langon. On a bien métamorphosé le nom d'*Alba pétra* (Aube-pierre), en celui du Boupère! Quand l'intelligence a fait divorce avec l'oreille, il arrive souvent de ces choses-là.

» La découverte de monnaies gauloises de la seconde et de la troisième période, parmi lesquelles figurent spécialement des pièces en électrum avec la main sous le cheval androcéphale, d'autres en argent, ayant au revers un cheval au galop monté par un personnage ailé, et plusieurs de ces petits bronzes portant ATECTORI, ANNICOIOS et CONTOVTOS, accusent l'existence en ce lieu d'habitations à une époque très reculée. On y trouve également beaucoup de débris gallo-romains et de monnaies de tous métaux du haut et du moyen empire, traces ordinaires laissées par un petit centre de population. Il fut loin toutefois d'être aussi considérable que l'assure le chroniqueur Bernard[1], qui a consciencieusement fabriqué à sa patrie une généalogie sur le plan de celles élaborées de son temps, non-seulement pour des familles, mais même pour des peuples, des villes, des églises, des monastères. On conserve au musée archéologique, fondé dernièrement à Napoléon-Vendée, quelques-uns de ces restes, parmi lesquels on remarque un fragment de statue de Diane en pierre d'un travail grossier et une petite inscription tumulaire du IIIe siècle, qui paraîtrait être le plus ancien monument chrétien trouvé sur le territoire de la cité poitevine[2]. »

[1] Antoine Bernard, fils de Jehan Bernard, notaire au Langon, et de Hilaire Bounin, exerça lui-même les fonctions de notaire en ce lieu. Il est auteur d'une chronique des plus curieuses, qui a été publiée par M. de la Fontenelle (*Fontenay-le-Comte, imprimerie de Gaudin fils, 1841. in-8o*). Antoine Bernard mourut le dernier novembre 1581. Son fils René continua la chronique.

[2] Notes manuscrites de M. B. Fillon.

Ḷa mer couvrait alors tout le Marais, et formait, entre les Poitevins et les Santons, un golfe profond, semé d'îles, dans lequel la Sèvre, l'Autise, la Vendée, le Lay, et quelques ruisseaux venaient déverser leurs ondes. *Alingonium* était l'un des petits ports de ce golfe.

Les invasions barbares des IVᵉ et Vᵉ siècles, ou les ravages des Normands amenèrent la ruine de la bourgade. Ce qui tendrait à le prouver, c'est que, malgré son importance relative dans des temps plus reculés, elle n'en avait pas conservé assez au Xᵉ siècle, pour qu'on en ait fait le centre d'une circonscription féodale de quelqu'étendue, tandis qu'on l'encastra dans la mouvance de Sainte-Hermine, simple châtellenie. Si l'on veut bien se rappeler ce que, en parlant du Talmondais, nous avons dit des principes sur lesquels fut basée la féodalité, lors de son établissement, on se rendra très bien compte de ce que nous avançons ici, sans avoir d'autres preuves à fournir à l'appui de notre opinion que celles tirées de l'analogie avec ce qui s'est passé en une foule d'autres endroits. Remarquons aussi que la situation du Langon ne permit pas de le mettre aisément à l'abri d'un coup de main, fait qui dut avoir une influence très grande sur sa destinée.

On bâtit, assez longtemps après, un château au Langon, d'où lui vint son titre de châtellenie. Sa juridiction n'allait pas au-delà des limites de la paroisse.

La liste des seigneurs est assez difficile à dresser, avant le XVᵉ siècle. Nous nous contenterons d'indiquer ici quelques noms plus anciens.

Sous Philippe-le-Hardi, la famille dite d'Auzay[1] possé-

---

[1] La famille d'Auzay, ou plutôt celle des Hermenjo, depuis le mariage d'Aude d'Auzay, avec Guillaume Hermenjo, vers 1220, possédait une notable partie des marais de l'Anglée et du voisinage.

dait le Langon. Il est possible qu'elle en fut propriétaire antérieurement. Il passa ensuite aux de Brillouet [1].

En 1301, Jehan de Chasteaubriand en était seïgneur, du chef de sa femme Aude de Brillouet. Pierre de Thorigné, mari d'Hilaire de Brillouet, sœur d'Aude, possédait par indivis une portion des droits. Le jour de la Saint-Gilles de cette année, Hugues de Thouars, sire de Pouzauges, rendit une sentence par laquelle il régla les droits que ceux-ci et l'abbé de l'Absie avaient sur les marais voisins [2].

Les de Thorigné eurent le fief en son entier à la mort de la femme de Jehan de Chasteaubriand, et le portèrent ensuite dans la famille Racodet, à la fin du XIVe siècle, par le mariage de Gillette, fille de Geoffroy, avec Régnault Racodet, chevalier. Ils eurent quatre filles, entre lesquelles fut partagée leur succession. A la suite de divers arrangements et transmissions entre les de Montournais, les Lemozin, les Suzannet et les Béjarry, ces derniers entrèrent en possession du Langon sous Charles VIII, en la personne de Maurice Béjarry, écuyer, époux de Jehanne Berne. Après lui, il arriva entre les mains de Loys Prévost, puis dans celles de Bernard de Puy-Giraud. Une alliance avec cette famille la transmit à René Mesnard, seigneur de Toucheprèst, grandement loué par Bernard, à cause de sa bienveillance pour ses tenanciers. Malheureusement ce digne seigneur ne vécut pas longtemps. Sa veuve, qui partageait ses sentiments de bonté native, se remaria à Jacques de la Roche, dont le fils, nommé Claude, hérita de la seigneurie en 1527; mais elle en réserva la jouissance viagère à son mari. Jacques de la Roche obtint de François Ier, au mois d'août 1530, l'éta-

---

[1] Cette famille prenait son nom du bourg appelé aujourd'hui Saint-Etienne-de-Brillouet.

[2] M. B. Fillon possède une suite de chartes originales relatives à ces marais et à ceux de l'Anglée, dont la plus ancienne remonte à 1200. Elles proviennent de l'abbaye de l'Absie.

blissement de foires et marchés. Sa fille, Anne, femme d'Aubert de Montjehan, chevalier, seigneur de Pringe, succéda à Claude, mort sans enfants.

Aubert de Montjehan céda, par échange, en 1545, le Langon, à un gentilhomme du Berry, nommé Jehan Dubois, dit *le Rouge*, de la couleur de son manteau. Cet étranger était de nature à faire regretter les anciens seigneurs. Les vassaux furent assez favorisés de la fortune pour être débarrassés de lui au bout d'un peu plus d'un an, car il échangea son fief pour la Coudre, près Melle, que lui céda René de la Court, seigneur de Doix. Cinq ans après, Aubert de Montjehan revendiqua le Langon, en vertu d'une des clauses de sa transaction avec Jehan Dubois, portant qu'il aurait la préférence sur tout autre, s'il y avait rétrocession de la part de ce dernier, et rentra en possession de la seigneurie après de longs procès soutenus au nom de sa femme. Celle-ci termina sa carrière au mois d'août 1564, et eut pour héritière Catherine de Montjehan, sa fille, épouse de Jehan de Pons, chevalier, seigneur de Plassac, chef protestant [1].

Jehan Dubois ne se tint pas pour complétement battu, et conserva quelqu'espérance de redevenir propriétaire du Langon. Plus tard, un de ses parents nommé Loys d'Arcemalle ou Darcemalle, qui avait pris femme en Poitou, vint, de son pays, se fixer dans le bourg, et fit l'achat de la seigneurie.

Avant de passer outre, il est bon de signaler une importante modification qui s'opéra, sous Henri IV ou au commencement du règne de Louis XIII, dans la qualification féodale de la seigneurie. Antérieurement, ses possesseurs se disaient seigneurs-châtelains, revendiquant droit de haute, moyenne et basse justice. A cette époque, ils se prétendirent barons, parce qu'ils avaient non-seulement toute justice

[1] Jehan appartenait, dit-on, à une branche cadette de la maison des sires de Pons, dont il ne reste plus de représentants.

dans leur fief, mais encore marché, châtellenie, péage, lige ostage, &c. Nous ignorons s'il y eut nouvelle concession royale, ou si ce changement eut son unique source dans celle de François I<sup>er</sup> confirmée par ses successeurs[1]. Quoiqu'il en soit, le Langon fut toujours qualifié depuis baronnie et ses seigneurs dits barons. Ce titre n'avait plus, il est vrai, son ancienne valeur, comme nous l'avons déjà dit, et, ainsi que tous les autres de la hiérarchie féodale, était tombé du rang de fonction publique à celui de simple qualification honorifique. Ce furent les Darcemalle qui introduisirent cette innovation.

L'origine féodale de cette famille a été très souvent contestée. Comme elle était étrangère à notre province, il ne nous appartient pas de décider la question. C'était une race violente à laquelle la tradition populaire a gardé mauvais souvenir. Mais reprenons la liste des seigneurs du Langon que nous avons interrompue.

I. Loys Darcemalle, né en Berry, se maria avec Anne Bodin, fille de François Bodin, écuyer, et de Jehanne Limbourg. Son beau-père était d'une famille de très ancienne noblesse; sa belle-mère sortait de riches marchands de la Rochelle.

Loys établit son domicile à la Liolière, paroisse du Langon, avant 1580. Il acheta un peu plus tard la seigneurie du lieu. Sa femme et lui moururent tous les deux de la peste, le 13 février 1606, laissant de leur mariage:

      1° Henry, relaté au degré suivant;

      2° Baptiste, chevalier, seigneur du Breuil et de la Grange, marié, en 1610, à Jacqueline du Pin;

[1] Loys de la Trémoille, vicomte de Thouars, seigneur de Sainte-Hermine, avait également confirmé à Jehan de Pons, le droit d'avoir sénéchal, procureur, greffier, notaires et sergents dans sa châtellenie, ainsi qu'en avaient joui ses prédécesseurs.

3° Adam, seigneur des Chaulmes ;

4° Louis, époux de Françoise Bran, tige de la branche de la Blanchardière ;

5° N..., morte fille ;

6° Léon, prieur du prieuré de Saint-Pierre-du-Langon.

II. Henry, l'aîné, hérita du Langon et porta le premier le titre de baron. Il épousa, par contrat du 24 février 1604, Gabrielle de la Roche, fille de Jean de la Roche, écuyer, seigneur du Colombier, et de Pierrette Robin ; de leur union naquirent :

1° Jacques, qui suit ;

2° Mathurine ;

3° Marthe, morte fille ;

4° Jacquette, femme de Gabriel du Plessis, écuyer ;

5° Hélène, femme de Geoffroy de Chergé, écuyer, seigneur de Grandchamp.

III. Jacques, baron du Langon, épousa Claude Berthon, fille de Jean Berthon, vice-sénéchal du Bas-Poitou. Il eut plusieurs fois maille à partir avec l'administration de la province, à cause de sa turbulence et de ses instincts emportés. On le vit, en 1649, prendre parti pour la Fronde et venir joindre, à la tête de ses valets et d'une bande d'aventuriers, le comte de Laval, fils du duc de Thouars, qui marchait à la rencontre de Châteaubriand des Roches-Baritaud. Colbert de Croissy le condamna, avec tous les autres membres de sa famille, à une forte amende, comme ayant usurpé la qualité de noble ; mais il parvint ensuite à faire casser ce jugement. Ses enfants furent :

1° Antoine, qui vient après ;

2° Marguerite, dite M^{lle} de la Rodinière ;

3° Claude, épouse de son cousin Estienne Darcemalle, seigneur de la Frémondière ;

4° Gabrielle ;

5° Françoise;

6° Catherine, femme d'Alexandre Buor, seigneur de la Jousselinière;

7° N.

IV. Antoine, baron du Langon, s'occupa beaucoup de desséchement de marais, entreprise que son père avait déjà tenté, en compagnie de René du Chastelier-Barlot et de quelques autres gentilshommes ou bourgeois du pays. Il eut de nombreux différents avec ses associés, qui, tous, eurent à se plaindre des tracasseries qu'il leur suscita. Il mourut dans un âge peu avancé, n'ayant qu'un seul fils de Marie-Charlotte-Henriette des Herbiers, fille de Henry-Auguste des Herbiers, chevalier, seigneur de l'Estenduère (l'étang du Hère), qui fut :

V. Antoine-Charles-Henry, baron du Langon, né en 1707. Comme toute sa famille, c'était un homme très violent. Nous nous bornerons à citer un trait de sa vie, qui fera juger des autres, et qui est connu de tout le monde. Un jour un huissier de Luçon, nommé Antoine Pervinquière, étant allé lui porter un exploit et n'ayant pas, à ce qu'il paraît, procédé avec toute la révérence due alors à un seigneur, il le fit saisir, dépouiller de ses vêtements, étendre sur une table, et, ayant fait rougir le sceau de la baronnie, il lui marqua le bas des reins d'une double empreinte; puis il fit passer une omelette sur les plaies et le força à la manger ensuite. Le pauvre diable, victime de cet acte de burlesque barbarie, porta plainte à la justice; mais les rieurs ne furent pas de son côté. M. Darcemalle en fut quitte pour se cacher pendant quelques semaines et donner une indemnité pécuniaire à l'huissier. Près de quarante ans plus tard, ce dernier des Darcemalle de la branche aînée étant mort sans enfants, la baronnie du Langon passa par héritage aux Maynard, parents éloignés de cette déplorable famille.

Les Darcemalle portaient : *d'azur au chevron d'argent accompagné en pointe d'un croissant renversé de même.*

LIGNIVILLE. La maison de Ligniville était une de ces puissantes et valeureuses familles appelées vulgairement les « *quatre grands chevals de Lorraine,* » dont les chroniqueurs et anciens annalistes lorrains ont fait remonter l'origine jusqu'à Gérard d'Alsace, institué duc de Lorraine, en 1049, par Henri le Noir, empereur d'Allemagne.

> « Chastellet et Lenoncour,
> » Ligniville et Haraucour,
> » Quy chasqu'ung l'aultre equyvalle
> » En seigneurie capitalle,
> » Sont tenuz suffyzamment
> » Pour extraicts anticquement
> » De nostre race ducalle;
> » D'où vient quy sont appelliez
> » Grands chevals ou chevalliers
> » De noblesse sans égalle, etc. »

Quoiqu'il en soit, les membres de ces quatre premières maisons de l'ancienne chevalerie de Lorraine étaient traités de « cousins » par la famille ducale, et le *fils* et les *descendants* du *fils* d'un gentilhomme qui avait pris alliance dans l'une de ces familles étaient pairs de Lorraine, avaient l'entrée dans les assises ou états du Duché, et jouissaient de tous les droits et priviléges des anciens pairs.

Le nom de Rozières, que la maison de Ligniville a porté pendant plusieurs siècles, venait d'une seigneurie où se trouvaient de riches salines; et que Jean de Rozières céda à Ferry, duc de Lorraine, par échange conclu en 1292.

La postérité de Jean emprunta ensuite le nom de Ligniville à un fief important situé à deux lieues de Darney, au diocèse de Toul.

La filiation est établie depuis Théodoric de Rozières, qui, l'an 1172, assista avec ses enfants à la donation que Mathieu,

duc de Lorraine, fit à l'abbaye de Charlieu. Ses descendants
ont occupé les charges les plus éminentes à la cour de Lorraine et lui ont donné entr'autres un grand maître de l'artillerie, un grand veneur, un généralissime de Charles IV, duc
de Lorraine, et une foule d'officiers supérieurs morts pour
la plupart sur le champ de bataille.

Nous signalerons encore Jean de Ligniville, auteur d'un
traité manuscrit sur la chasse conservé à la Bibliothèque
impériale [1].

Les Ligniville se sont alliés aux maisons de la Baume-
Montrevel, de Beauveau, du Chatelet, de Custine, de
Haraucourt, d'Haussonville, de Joinville, de Lambertie,
de Lorraine, de Ludres, de Mérode, de Raigecourt, de
Simiane, de Lannoy, etc.

Les différentes branches issues de cette race chevaleresque
ont été élevées à la dignité de comtes du Saint-Empire, par
diplôme du 3 février 1620. C'étaient alors : 1° les seigneurs
de Ligniville et de Tantoville éteints en 1640 ; 2° les marquis
d'Honécourt, seigneurs de Lironcourt, éteints, au siècle
dernier, dans la personne d'Eugène de Ligniville, comte du
Saint-Empire, prince de Conca, au royaume de Naples, duc
de Mugnano, grand-maître des postes de Toscane ; 3° les
barons de Vannes, éteints au commencement du XVIIIe siècle ;
4° les seigneurs barons de Villars, comtes d'Autricourt,
seule branche aujourd'hui encore subsistante.

Les Ligniville portent : *losangé d'or et de sable.*

LORDAT. La terre de Lordat était le chef-lieu de la châtellenie du Lordadais, petite province du comté de Foix
possédée, jusque dans le XIIIe siècle, par les comtes de Foix,
issus des comtes de Carcassonne. Chérin, dans son mémoire
pour les preuves de cour du marquis de Lordat, dressé en

---

[1] *Manuscrit français de la Bibliothèque du Roi,* par Paulin Paris,
t. V, p. 259.

1781, et aujourd'hui conservé à la Bibliothèque impériale, dit que les Lordat tirent leur origine de cette terre, sans qu'on puisse savoir comment elle est entrée dans leur maison.

Guillaume de Lordat, chevalier, vivait en 1154; son frère, Pons de Lordat, chevalier de Saint-Jean de Jérusalem, fut grand prieur de Toulouse en 1188.

Bernard de Lordat, céda en 1249, en échange de la ville d'Arabals, ses droits sur le château de Lordat au comte de Foix.

Picard de Lordat, chevalier, est, en 1316, nommé dans un acte le premier des nobles du comté de Foix. Il fit hommage au comte d'une partie des villes et château de Lordat, de Rabat, de Lassur, et fut en 1331 caution de la dot de Jeanne de Foix, mariée à l'infant Pierre d'Aragon.

La filiation est établie depuis Hugues de Lordat, seigneur de Lordat, de Lassur, de Caseneuve, baron de la Bastide-Gardereinous, qui vivait en 1404.

Hugues III de Lordat, baron de Caseneuve, était gentilhomme de la chambre de Charles VIII, en 1490.

Paul-Jacques de Lordat commandait un corps de huit mille hommes sous le maréchal de Montmorency contre les Huguenots, en 1591.

Les Lordat ont eu depuis Louis XIII trois maréchaux de camp et quatre gouverneurs de la ville de Carcassonne, et siégeaient comme barons de Bram aux Etats de Languedoc.

Cette maison s'est alliée à celles de Voisins, de Lautrec, de Castelpers, de Castera-Villemarty, de Massencomme-Monluc, de Caumont-la-Force, de Pins, etc.

Les armes des Lordat sont : *d'or à une croix de gueule.*

LUNEAU. Les Luneau étaient de très ancienne chevalerie, et ont figuré dès le XIIe siècle. Le chartrier de Maillezais renfermait une ou deux donations faites, pendant la première

moitié du XIIIe, à cette abbaye par l'un d'eux, déjà seigneur de Bazoges-en-Pareds, terre qui demeura très longtemps dans la famille. Ils possédaient, en outre, dans le
Talmondais plusieurs fiefs assez considérables, entr'autres,
Moric et la Guignardière d'Avrillé, qui, après eux, passèrent
aux Girard, par le mariage de Marie Luneau, avec Jehan
Girard, chevalier, dont le fils, nommé Régnault, fut licencié
es-lois et maire de la Rochelle en 1407. Nous ne connaissons
pas leurs armes.

LE MASTIN. Cette famille d'origine chevaleresque a pris
naissance en Poitou. Elle apparaît, dans les actes publics
parvenus jusqu'à nous, à la fin du XIIIe siècle. Alliée au
Beaumont-Bressuire, aux Jousseaume, aux du Puy-du-Fou,
aux Sanzay, aux de Granges, aux Vernon, aux la Rochefoucauld, elle eut rang parmi les plus distinguées de la province. Une de ses branches eut, au XVIIe siècle, la baronnie
de Nuaillé et en prit le nom. La Rochejaquelein, petite seigneurie qu'elle posséda également, passa, au XVIe, aux du
Vergier, par le mariage de Renée le Mastin, fille de Jacques
et de Catherine Vernon, avec Guy du Vergier, seigneur de
Ridejeu.

Les le Mastin ont pour armoiries : *d'argent à la bande de
gueules contrefleurdelisée de six fleurs de lis d'azur.*

MAUCLERC. Famille d'ancienne chevalerie, possessionnée
sur les confins de la Bretagne et du Poitou, et qui a donné
son nom à deux ou trois gentilhommières. Elle a fourni
un évêque au siège de Nantes.

L'homme le plus distingué qu'aient produit les Mauclerc
est Julien, proche parent de Jeanne, femme de François Mainard. « C'était un gentilhomme de nature exceptionnelle,
qui maniait aussi bien l'épée que le crayon et le compas, et
d'une instruction peu commune. On lui doit un volume in-

folio intitulé : *Traité de l'Architecture, suivant Vitruve.....,*
*par maistre Julien Mauclerc, sieur du Ligneron-Mauclerc,*
*la Brossardière et Romanguis, mis en lumière par Pierre*
*Daret, graveur ordinaire du Roi, Paris, 1648.* En tête se
trouve un fort curieux portrait de l'auteur gravé sur son
dessin. Il y est représenté mesurant un globe terrestre, sous
une arcade de style rustique, décorée de bas-reliefs, sujets
enblématiques, inscriptions et armoiries, ayant rapport aux
goûts, aux qualités et aux alliances du personnage. On y lit :
*Foy, Espérance, Charité, Prudence, Tempérance, Force et*
*Justice. — Astrologie. — Grammaire et Rhétorique. — Géo-*
*métrie et Musique. — Dialectique et Arihtmétique.* — Des bas-
reliefs, sur lesquels on voit les Grâces et les Parques, dé-
corent les assises inférieures du monument.

» Au-dessus de la tête de Julien sont ces deux vers :

> » *En fuyant oisiveté,*
> » *Je acquiers immortalité.*

Et tout à fait au haut du portique : deux mains, tenant,
l'une une épée, l'autre un compas, avec la belle devise :
PREST A TOVT FAIRE.

» Au bas enfin, est écrit : *Première planche des œuvres de.*
*architecture de Julien Mauclerc, gentilhomme poitevin, sei-*
*gneur du Ligneron-Mauclerc, contenant sa devise et effigie,*
*en l'an de son aage 53, de son invention, despeinte de sa*
*main, et parachevée d'être taillée au burin au mois de*
*septembre 1566.* — Dans le coin, à droite, est le mono-
gramme I. B.

» Quelques pages plus loin, est l'explication de ces allé-
gories.

» Cette planche est à elle seule tout une biographie. Elle
donne même l'année de la naissance de notre architecte,
qui, ayant 53 ans en 1566, avait par conséquent vu le jour
en 1513. L'avant-propos du livre apprend en outre qu'il

avait suivi là carrière des armes sous Henri II. Il se maria ensuite avec Pierrette du Jardin, et fixa sa demeure à Apremont, pendant quelques années.

» L'ouvrage de Julien Mauclerc a été réimprimé en Angleterre au xviie siècle. Il est si rare aujourd'hui, qu'on n'en connaît que deux ou trois exemplaires dans les bibliothèques[1]. »

Les Mauclerc portent : *d'argent à une croix ancrée de gueules.*

Il existe un sceau de Guy Mauclerc, seigneur de la Musanchère, de Nesmy et de Saunay, qui vivait sous Louis XII. On y voit un écu penché à ses armes, timbré d'un heaume surmonté d'une tête de cheval pour cimier, et supporté par deux sauvages armés de massues. On lit autour : SCEL DE GVY MAVCLERC. Le même personnage se servait d'un petit contresceau décoré d'un écusson aux armes de sa famille.

DE MONTAUSIER. Nous n'avons à notre disposition que des renseignements très imparfaits sur cette famille. Le tome XXV des manuscrits de D. Fontenau contient, à la page 233, une vente de quelques droits et héritages à Jehan Boucher, faite par Arnaud de Montausier, chevalier, et Foulques, Guillaume, dit *Taillefer*, et Arsande, ses enfants. Le plus ancien document à nous connu ensuite est un sceau du commencement du xve siècle sur lequel est représenté un écu chargé de trois losanges, posés 2 et 1, surmonté d'un heaume et soutenu par un lion et un personnage barbu. On lit autour : S. IEHAN DE MONTAVSIER. CHEVR. La matrice originale en bronze de ce sceau a été trouvée, en 1853, à la Mothe-Achard. Ce qu'il y a de singulier, c'est qu'en 1583, Jehan de Montausier, chevalier de l'ordre, seigneur de la Charoul-

---

[1] Extrait des notes manuscrites de M. B. Fillon, qui se propose de publier une notice détaillée sur ce poitevin distingué.

lière, la Claye, la Court-de-Brem, Beaulieu, les Chasteigners et de moitié de la châtellenie de Saint-Hilaire-le-
Vouhis, se servait du même cachet, car on le voit apposé
sur la réception de l'hommage rendu, le 10 mai de cette
année, par Claude Boutaud, seigneur de l'Aubouinière, à la
seigneurie dudit Saint-Hilaire-le-Vouhis. Jehan avait un
frère nommé Gilles, qui était seigneur de Château-Guibert
et de Lavert.

Les de Montausier portaient : *d'argent à trois losanges
d'azur*. Colbert de Croissy fait mention de cette famille dans
son mémoire.

MORISSON. Famille d'ancienne noblesse sortie des environs de Brem ou d'Olonne, que l'on trouve dès le XIVᵉ siècle
en possession de la Bassetière[1]. Geoffroy Morisson, valet,
fut nommé, en 1375, châtelain de Talmond par Perceval de
Coloigne, sénéchal de Poitou[2]. Jacques Morisson, ardent
calviniste, se distingua à la défense de la Rochelle, assiégée
par le cardinal de Richelieu.

Cette famille était représentée au moment de la Révolution par six frères. L'aîné, Henri, mort colonel de cavalerie,
fit les campagnes de l'émigration dans la cavalerie noble de
l'armée des Princes, comme aide-major-général. En 1815,
il dirigea l'embarquement du duc de Bourbon, lorsque ce

[1] Le cartulaire de Saint-Jean-d'Orbestier, déposé aux archives de la
préfecture de la Vendée, contient plusieurs documents d'une date reculée
sur les Morisson.

[2] Notes manuscrites de M. B. Fillon. — Perceval de Coloigne, seigneur
de Puygné, du Breuil-Bernard et de Pierre-Fitte, fils aîné de Geoffroy
de Coloigne, et de Pernelle Brun, était un vaillant chevalier qui se distingua pendant les guerres anglo-françaises. Il fut capitaine de Fontenay-
le-Comte, sénéchal de Poitou pour Jean de Berry, et connétable de
Chypre. Jehanne de Grezille, sa femme, ne lui donna point d'enfants.
La maison de Coloigne portait : *burelé d'argent et d'azur à une fleur
de lis de gueules*.

prince fut obligé de quitter la Vendée. Deux de ses frères
périrent à Quiberon. Leur nom est inscrit sur le monument
élevé aux victimes de cette journée. Deux autres furent tués
dans la première guerre de la Vendée. Le sixième, enfin,
Constant, après s'être distingué, pendant l'émigration, au
combat de Hondscoot, près Dunkerque, et, après avoir
échappé Quiberon, vint offrir son épée à Georges Cadoudal, dans l'armée duquel il servit en qualité d'aide-major-
général jusqu'à la pacification de 1796. En 1815, il
commandait dans la Vendée la division de Palluau, faisant
partie du troisième corps. Il assista aux combats de Saint-
Gilles et d'Aizenais, et est mort colonel d'infanterie et chevalier de Saint-Louis.

Cette famille a été maintenue aux édits de réformation de
1469, de 1667, de 1715. Elle porte : *de sable à trois roquettes
d'or*.

PRÉVOST. Ce nom a été porté par plusieurs familles poitevines, étrangères les unes aux autres, qu'on a eu le tort de
vouloir rattacher entr'elles. Celle qui posséda Dignechien
au XVe siècle apparaît à la fin du XIVe, époque à laquelle
Pierre, seigneur de la Fenestre, qualifié valet, habitait
Thiré, près de Sainte-Hermine. Il eut un fils nommé aussi
Pierre, marié, par contrat passé à Vouvant, le 7 octobre 1403,
avec Jehanne Boilaysve, fille de Jehan Boilaysve, d'une
famille d'échevinage de Poitiers, et de Penote ou Perrote
Fontive. Cette union attira Pierre au chef-lieu de la province, où il entra dans le corps de ville. Ses descendants se
livrèrent à l'étude du droit, et Loys, l'un d'eux, licencié ès-
lois, donna, en 1486, la première édition de la *Coutume du
Poitou*, dont un exemplaire peut-être unique est conservé à
la Bibliothèque publique de Poitiers[1].

[1] On doit la réunion de la coutume du Poitou en ce premier corps
d'ouvrage à Jehan de Chambertin, baillif de Gastine, Jehan de la Chaus-

La branche aînée continua au contraire à résider en Bas-Poitou. Parmi ses propriétés, nous indiquerons l'Herbergerie de Thiré, Dignechien et le Chastelier-Portault, paroisse de Mouilleron. Les possesseurs de ce dernier fief jouèrent un rôle important dans les guerres de religion.

La branche de Poitiers eut longtemps la petite gentil-hommière de Beauchêne, paroisse de la Tardière [1], et les Chaulmes.

Les Prévost et les Maynard paraissent avoir eu une alliance antérieure à celle de Tristan avec Mathurine Prévost. C'est ce qui semble en effet ressortir d'un acte de partage passé, en 1439, entre Estienne Prévost et ses neveux, enfants de feu Pierre, demeurant à Thiré, lequel acte fait savoir que lesdits Estienne et Pierre étaient eux-mêmes fils de Pierre, seigneur de la Fenestre, dont nous avons parlé au commencement de cette note, et de Perrote *Maynarde*. Mais nous fondons cette hypothèse sur une simple similitude de nom, ce qui est loin d'être une preuve. Perrote Maynard pouvait être aussi de la famille dite de Toucheprèst.

Colbert de Croissy parle, à la page 33, des Chastelier-Portault. « Prévost-Chastelier-Portault, en Bas-Poitou. L'aîné de cette maison est en Bourbonnais, sous le nom de Beaulieu-Persac. Il a commandé une escadre de galères. La branche des cadets est amortie. »

Du Puy du Fou. Maison d'ancienne chevalerie, qui apparaît dans les chartes au XIIIe siècle et est aujourd'hui éteinte. Tout le monde sait qu'elle a essayé, il y a quelques cen-

sée, Loys Moyson, Robert Tutant, Pierre Roigne et Jacquet Boutin, tous jurés et avocats. Loys Prévost ne fut en quelque sorte que l'éditeur.

[1] Ce petit fief avait été donné, en 1557, par Jehan de Parthenay-l'Archevesque, seigneur de Vouvant, et Marie de Beaujeu, sa femme, à Létice Manchard, femme de Simon Monnoyer, valet, seigneur du Chastenay, paroisse de la Châteigneraye.

taines d'années, avec deux ou trois autres familles ses alliées, de faire passer pour authentique une fausse chronique, où on les rattache aux vicomtes de Thouars, et, par ceux-ci, aux premiers comtes de Poitou. M. de la Fontenelle a fait justice de cette audacieuse tentative dans un travail intitulé : *Recherches sur les chroniques du Monastère de Saint-Maixent en Poitou;* (Poitiers, imprimerie de Saurin frères, 1838, in-8°). Voici ce que cet écrivain dit, à cette occasion, dans une note insérée à la page 62 :

« Si la maison du Puy du Fou n'a pas eu l'ancienne et noble origine qu'elle a voulu s'attribuer, et si elle ne remonte qu'à Raynaud, vivant en 1251, qui épousa Eustache de Montbail (Besly, *comte de Poitou*, page 195), elle s'est grandement illustrée plus tard. Jean du Puy du Fou servit en Italie Louis I$^{er}$, roi de Sicile et duc d'Anjou, à qui il rendit de si grands services, que ce prince lui donna le duché de Dixmille, au royaume de Sicile, par lettres-patentes de 1381. François, deuxième du nom, premier écuyer tranchant du roi, fut gouverneur de Nantes en 1544, reçut le collier de l'ordre la même année, et commanda le ban d'une partie du Bas-Poitou et de la Bretagne. René servit sous François I$^{er}$, Henri II et Charles IX, tant en Italie qu'en France, et eut le gouvernement de la Rochelle, le titre de marquis, le collier de l'ordre, et, en 1568, un brevet de maréchal de France pour le premier emploi qui viendrait à vaquer, mais il mourut la même année. Il y a une généalogie imprimée de cette maison, et Ronsard en a rédigé une autre, qui se trouvait en manuscrit dans la bibliothèque de M. de Caumartin, évêque de Vannes. »

L'exemple donné par les du Puy du Fou et quelques autres fut contagieux. « Il serait difficile d'imaginer aujourd'hui combien de fables du même genre furent mises en circulation dans la province au XVI$^e$ siècle. Beaucoup de familles poitevines d'arrière-fief entreprirent alors, avec

l'aide de leurs feudistes et de quelques adroits faussaires,
de se créer une origine princière. Ce fut surtout aux grandes
maisons féodales, *éteintes depuis longtemps*, qu'on chercha
à coudre sa généalogie. Les morts ne pouvant pas contester,
la méthode était habile. Tout-à-coup et comme par enchan-
tement, les comtes de Poitou, les Lusignan, les vicomtes
de Thouars, de Châtellerault, d'Aulnay et de Melle, les
sires de Parthenay, de Surgères, de Montmorillon, de Pons
et bien d'autres se trouvèrent avoir une nuée d'arrière-
neveux plus ou moins directs. La prétendue descendance
des Lusignan eut pu faire, à elle seule, tout une compagnie
de gens d'armes. Encore ne s'arrêta-t-on pas en aussi bon
chemin : on imagina de former un faisceau, dont nous avons
déjà parlé, de toutes ces antiques familles, et, leur attri-
buant les comtes de Poitou pour souche commune, on relia
ceux-ci aux rois francs de la première et de la seconde race,
auxquels les Troyens furent donnés pour ancêtres ! — le
goût du roman tournait les têtes; l'imagination des nouveaux légendaires dépassait de beaucoup celle des bardes
d'Ecosse, chargés autrefois de conserver les annales de leurs
clans.

 » Il y eut, à la même époque, de ces mensonges-là dans
tout le royaume. De nos jours, qu'un autre courant d'idées
emporte la société, et qu'une judicieuse critique fait partout
pénétrer la lumière, on n'accorde plus à ces étranges rêve-
ries que cet intérêt relatif, attaché à tout ce qui nous révèle
les qualités ou les travers de nos pères [1]. »

La seigneurie du Puy du Fou était l'une des terres les
plus considérables du Poitou. Les ruines du château bâti au
XVIᵉ siècle sont fort remarquables. Elles sont situées dans la
commune des Epesses.

Les du Puy du Fou portaient : *de gueules à trois macles*

---

[1] Notes manuscrites de M. B. Fillon.

*d'argent, posées 2 et 1.* ( V. page 17 du *Mémoire de Colbert de Croissy.*)

RACODET. On a prétendu, sans donner aucune preuve, que cette maison venait de Picardie. Il est au contraire démontré par des actes irrécusables qu'elle était d'origine bas-poitevine et habitait la province dès 1360. Elle posséda pendant près de quatre siècles le petit fief de la Guinemandière, qui devait son nom aux Guinemand, ou plutôt Quinement *(qui ne ment),* paroissiens de Saint-Martin-Lars, éteints sous le roi Jean, dans la personne de Colas Guinemand, valet, l'un des tenanciers du seigneur de Sainte-Hermine. A la fin du XIVᵉ siècle, Regnault Racodet, chevalier, ayant épousé Gillette, fille de Geoffroy de Thorigné, devint seigneur du Langon. Deux cents ans après, Jacques Racodet arriva, par son courage et son mérite personnel, à une position assez élevée. Il fut successivement lieutenant du sieur de Bellisle, dans le pays de Retz, et non dans le comté Nantais, comme on l'a avancé par erreur, lieutenant d'une compagnie de cent hommes d'armes et maître d'hôtel de Henri IV. On conserve encore chez ses descendants une bague ornée d'un diament et une croix, qui viennent, dit-on, de ce prince. Son fils Jean fut fait chevalier de l'ordre en 1641. Alexandre-François, ancien officier au régiment royal-infanterie, arrière-petit-fils de celui-ci, eut sept filles de Suzanne-Gabrielle Mauras de Chassenon, dont la dernière mourut en 1827. Avec elle s'est éteint le nom de Racodet. Ils portaient : *de gueules à trois roses d'argent.*

On a vu que la Baugisière avait été transmise à Louise-Adélaïde Racodet, fille de Charles Racodet, et de Jeanne-Marguerite Boutou, et femme de Bénigne-Germanicus-Bonaventure-Louis Maynard, par sa tante Jeanne-Louise-Modeste Boutou.

La généalogie, insérée dans l'ouvrage de M. Beauchet-

Filleau fourmille d'erreurs. Il est évident qu'elle a été dressée sans connaître la plupart des titres antérieurs au milieu du XVIe siècle qui concernent cette famille.

Du Retail. Les du Retail se disaient une branche cadette des Parthenay-l'Archevesque. Au XIVe siècle, ils n'en prenaient cependant pas le nom ; mais, après 1426, année de la mort du dernier représentant de la branche aînée de cette illustre maison, qui n'avait pas laissé d'enfants de sa femme Brunissande de Périgord, diverses familles se dirent sortir de la même souche. Ainsi firent les du Retail, qui possédaient depuis fort longtemps la seigneurie d'Ardin. Cette terre passa ensuite aux Volvire et aux Bigot.

Il existe un sceau de la seconde moitié du XIIIe siècle, représentant un chevalier armé de toutes pièces, sur un cheval au galop. Autour est la légende ✠ S. RADVLFI DE RETAL. N'ayant vu qu'une mauvaise empreinte de ce sceau, trouvé à Champdenier, nous ne pouvons pas dire s'il a été fait pour un membre de notre famille du Retail.

De la Rochefoucauld. Nous mentionnerons seulement ici cette antique maison qui a eu tous les genres désirables d'illustration. Nous en parlons du reste à l'article consacré aux du Fouilloux. Originaire de l'Angoumois, elle s'allia aux plus grandes familles de France, et occupa dans l'Etat et l'Eglise les plus hautes dignités. Son nom a été surtout popularisé par François, duc de la Rochefoucauld, prince de Marcillac, auteur des *Maximes,* livre qui a obtenu un immense succès, quoiqu'il soit en réalité le code de l'égoïsme.

La branche de Bayers habite encore le Bas-Poitou.

Voir à la page 8 du *Mémoire de Colbert de Croissy,* la note sur les de la Rochefoucauld. Ils portent : *burelé d'azur et d'argent à trois chevrons de gueules.*

De Sallo. Les Sallo ou de Sallo sortaient d'une famille de juristes et de notaires des environs de la Roche-sur-Yon, qui fut anoblie pendant la seconde moitié du xv<sup>e</sup> siècle, au moyen de quelque charge de judicature. Lancelot, fils de Jacques de Sallo, seigneur de la Grangouère ou de la Grangonnière, et de Marguerite Maynard, fut chevalier de l'ordre, et l'un des lieutenants du comte du Lude en Poitou, pendant les guerres de religion. Il se fit connaître sous le nom du *capitaine Cornetière*, de celui d'une terre venant de la famille de sa mère. Josias, son aîné, entra, au contraire dans la magistrature, et prit pour femme, en 1594, une bourgeoise, Marie Brisson, fille de Pierre Brisson, sénéchal du Bas-Poitou, frère du célèbre Barnabé, premier président du parlement de la Ligue. Cette alliance décida désormais de la vocation des de Sallo de la branche aînée, et, reprenant la robe, ils quittèrent pour toujours la cuirasse et l'épée du chevalier. Jacques, fils de Josias, fut conseiller en la grande chambre du parlement de Paris, et se distingua par son aptitude aux affaires. Saint-Vincent de Paul l'honora de son amitié.

Du mariage de Jacques de Sallo avec Marguerite Viole, fille de l'un de ses collégues, naquirent, entr'autres enfants, Denis et Claude, tous les deux conseillers au parlement. Le premier fonda, en 1665, sous le nom du seigneur d'Hédouville, le *Journal des Savants*. Denis était seigneur de la Coudraye de Luçon, qui passa, après sa mort, à Jean-Baptiste de Loyne, d'une famille d'échevinage d'Orléans, lorsque ce dernier eut épousé sa veuve, Gabrielle-Elisabeth Ménardeau.

Les Sallo portaient : *de gueules à trois roquets ou fers de lance émoussés d'argent.*

Tindo. Famille de robe qui commence à apparaître dans la première moitié du xiv<sup>e</sup> siècle. Jehan Tindos ou Tindo

( ce nom est écrit des deux manières dans l'acte original , à quelques lignes de distance ), Jehan Tindo, clerc, le premier que l'on connaisse, reçut de Clément Rouhault, valet, seigneur de Bois-Meygnart, par acte passé sous la cour du scel de la Roche-sur-Yon, le vendredi après l'octave de la mi-août 1330, le village de Paluya (Palluau), assis près la Bernonnière. Nous trouvons ensuite Pierre Tindo, sénéchal de Pouzauges, en 1383. Sa femme se nommait Loyse Racodette. Loys, seigneur de la Brosse, descendant de ceux-là, fut secrétaire du Roi, sous Louis XI, et président au parlement de Bordeaux. Il fut très avant dans la confiance de ce prince, qui le chargea souvent de missions secrètes et l'employa dans l'affaire des biens de la famille de Thouars. Jacques Tindo, son fils, bâtit, en 1519, la chapelle du manoir de la Cacaudière, près Pouzauges, dans laquelle on lit encore cette inscription :

EN L'HONNEVR DE DIEV ET DE NOSTRE DAME, L : M. VC. XIX, MONSEIGNEVR J. TINDO, SGᴿ. DE BRIGNON ET DES FONTAINES, A FAIT EDIFFIER CETTE CHAPELLE.

Antoinette, fille de Jacques, n'ayant pas eu d'enfants de François de Fesque, son mari, légua à ce dernier la Cacaudière, par son testament du 23 avril 1556 [1]. Elle fut la dernière représentante de la famille Tindo.

LE VENIER. Famille bourgeoise, ou peut-être, comme elle le prétendait, de petite gentilhommerie. La position sociale de la plupart de ses représentants à la fin du xvᵉ siècle et au commencement du xviᵉ, nous ferait cependant pencher vers la première hypothèse. Nous voyons en effet Pierre le Venier, marchand à la Chasteigneraye, en 1494, date de

[1] *Annuaire de la Société d'émulation de la Vendée, 1854, page 177.* Article de M. Léon Audé sur la Statistique historique et monumentale du canton de Pouzauges.

son mariage avec Macée Bailly, fille d'un autre marchand d'un bourg voisin. Pierre avait un frère nommé Jehan, qui était fabricant de grosses étoffes, industrie principale, du pays. Antoine, fils du premier, fut avocat, et procureur à la Chasteigneraye. Il eut deux enfants de Catherine Brisson, savoir : Joachim, né en 1523, et Marie, femme de Pierre Arnault, marchand, à la Chasteigneraye.

La branche aînée fit au contraire fortune dans les charges de judicature. Elle possédait sous Henri II la terre de la Fosse, paroisse de Cheffois, dont la maison fut rebâtie en 1557, par Jacques le Venier. Il reste de cette construction une fontaine du plus charmant style de la Renaissance, qui a été transportée, en 1856, dans la cour du château de Chassenon, et restaurée par les soins de M. Ernest Moller, propriétaire de ce joli domaine.

Un autre le Venier arriva aux plus hauts emplois. C'est Pierre, seigneur de la Grossetière, d'abord receveur des tailles à Fontenay, puis trésorier général de France à Bordeaux, commissaire du Roi en Guyenne, et, enfin, président en la chambre des comptes de Paris. Il mourut en 1585 et fut enterré à Notre-Dame-de-Fontenay. Il ne laissa qu'un fils. Les le Venier portaient : *de...... à trois cornets ou huchets de......*, armes que l'on voit sur les landiers dont nous avons parlé à la page 31, sur des pierres tombales de l'église de Pouzauges, et sur la fontaine de la Fosse.

Du Vergier. Jehanne du Vergier, femme de Jehan Boutaud, (belle-mère de Marguerite Mainart, fille de Guillaume, chevalier, et de Guyonne Gaudin), était issue d'une très ancienne famille de noblesse d'arrière-fief, qui a reçu, dans ces derniers temps, une grande illustration de l'un de ses membres. Elle était fille de Thibaut du Vergier, valet, seigneur de Buchignon, fils lui-même d'un autre Thibaut. mentionné dès 1331, et qui possédait des terres dans la

commune du Bois-Nerbert ou plutôt Bois-Herbert, propriété
de l'antique maison de Thorigné[1]. Le même personnage
rendit hommage, en 1348, à la Chauvelière, pour un fief
indivis entre lui et Thibaut de Bessay, valet, qui se maria
en secondes noces avec sa fille Catherine, appelée à tort
*Vigière*, par M. Beauchet-Filleau. L'habitude que l'on avait
en ce temps de féminiser les noms l'a fait inscrire par fois,
dans les actes publics, sous celui de *Vergière*; de là provient
l'erreur des généalogistes.

Jehanne, du Vergier, avait un frère aîné appelé Jehan,
père de Thebaut, seigneur de la Serrie de Bellenoue, en
1406, et un autre frère plus jeune qu'elle, du nom de Symon,
seigneur de Buchignon, dont les enfants furent mis en 1409
sous la tutelle de leur cousin Pierre Boutaud, seigneur de
l'Aubouinière.

Le sceau de Symon prouve que ces du Vergier étaient de
la famille de ceux devenus au XVIe siècle seigneurs de la
Rochejacquelein. Il représente un écu surmonté d'un heaume,
ayant une tête de loup pour cimier, et chargé d'une croix
contonnée de quatre coquilles de pélerin. Celle placée en
cœur sur les armes des du Vergier actuels ne s'y trouve pas;
néanmoins, il est évident que les uns et les autres sortent
d'une souche commune. Il s'agit seulement de retrouver les
degrés de la filiation qui les rattachent entr'eux.

M. de Courcelles a consacré un article aux de la Rochejaquelein dans les généalogies des pairs de France; nous y
renvoyons le lecteur.

Ils portent : *de sinople à la croix d'argent, chargée en
cœur d'une coquille de gueules et contonnée de quatre coquilles
d'argent*[2].

---

[1] On a à peu près la filiation suivie des Thorigné depuis la fin du
XIIe siècle jusqu'au XVIIIe siècle, époque de son extinction. Ils prenaient
leur nom de Thorigné, près Mareuil.

[2] On trouve dans les preuves de l'Histoire de Maillezais, par M. l'abbé

Ces renseignements sont extraits d'un dossier de titres originaux relatifs aux du Vergier, conservé dans la collection de M. B. Fillon. Il s'y trouve plusieurs pièces de la main de Henry de la Rochejaquelein, tandis qu'il était l'un des chefs de l'armée vendéenne. En comparant ces divers documents avec le prétendu autographe signé *Henry*, donné dans l'*Isographie*, on reconnaît aussitôt que ce dernier est l'œuvre d'un faussaire. Nous en dirons autant de la lettre attribuée à Bonchamp reproduite dans le même ouvrage.

VIGNEROT. Le nom de Vignerot est très commun dans le bocage poitevin. Il a été porté par plusieurs familles de positions très diverses. Cependant il n'en est qu'une seule qui ait fait partie de la noblesse. On a débité sur son origine les versions les plus contradictoires, toutes aussi éloignées, les unes que les autres, de la vérité. Qu'il nous suffise d'en signaler deux ; elles feront juger de la critique de ceux qui les ont produites. Selons certains auteurs, les Vignerot seraient sortis d'un valet de chambre du cardinal de Richelieu ; selon d'autres, ils descendraient d'une ancienne maison d'Angleterre appelée Wignerod, fixée en France sous Charles VII. Fléchier, grand orateur, mais à coup sûr mauvais généalogiste, a, dans une de ses oraisons funèbres, adopté la dernière opinion. Ce qu'il y a de plus certain, c'est que les Vignerot en question habitaient, au XIVᵉ siècle, le pays compris entre la Chasteigneraye, Pouzauges, l'Absie et Bressuire, et étaient, dès-lors, qualifiés *valets* ou *écuyers*.

En 1369, Jacques Vignerot, valet, mari de Madeleine Baguenarde, demeurait dans la paroisse de Milly (Saint-Jouin-de-Milly), avec ses fils Jacques et Jehan. Ce dut être l'aïeul de Pierre, écuyer, époux de Margot Maynard ; établi à la Chasteigneraye au commencement du XVᵉ siècle.

Lacurie, quelques chartes du XIIIᵉ siècle concernant les du Vergier. V. page 334, 337.

Jehan Vignerot, descendant de ceux-là, épousa Huguette de la Roche, dame de Pontcourlay, seigneurie qui resta longtemps dans la famille. René, son arrière-petit-fils, fut cependant le premier qui soit arrivé à une position élevée, grâce à son mariage avec Françoise du Plessis, sœur du cardinal de Richelieu. Jusque-là les Vignerot avaient été fort pauvres, et il n'y a rien d'étonnant à ce que quelques branches cadettes aient fait bon marché du passé des leurs pour aviser au moyen de vivre; mais les faveurs de la cour ne tardèrent pas à pleuvoir sur eux, dès qu'ils furent entrés dans la parenté du tout puissant ministre. François, fils de René, fut général des galères, chevalier de l'ordre, reçut le titre de marquis et le gouvernement du Hâvre. Armand-Jean, l'aîné des enfants de ce dernier, et filleul du cardinal, eut encore davantage : le Roi lui accorda la substitution des titres et honneurs de son grand-oncle, qui l'avait fait son héritier, à la condition de prendre le nom de Richelieu. Il fut ainsi le chef de la maison des ducs de Richelieu, qui a joué un si grand rôle depuis deux siècles.

Les Vignerot portaient : *d'or à trois hures de sangliers de sable*. Les Richelieu; *d'argent à trois chevrons de gueules*.

---

Nous sommes loin d'avoir donné des notes sur toutes les familles alliées au Maynard; mais nous avons cru devoir nous abstenir toutes les fois que nos renseignements sur leur origine n'étaient assez certains ou assez complets. C'était le seul moyen d'éviter des erreurs involontaires, déjà trop nombreuses dans tout travail du genre de celui que nous venons d'achever.

# SOURCES

AUXQUELLES ON A PUISÉ POUR RÉDIGER CE TRAVAIL.

1° Papiers de la famille Maynard;

2° Maintenues de noblesse données par les commissaires du Roi ou les intendants;

3° Preuves de cour de Chérin;

4° Dossier sur la famille Maynard, déposé à la Bibliothèque impériale, section des manuscrits, et qui nous a été communiqué avec beaucoup de bienveillance par M. Lacabane;

5° Archives des préfectures des Deux-Sèvres et de la Vendée; communications de MM. Ravan et Filaudeau.

6° Manuscrits de Dom Fonteneau, à la bibliothèque publique de Poitiers;

7° Collection de documents sur le Poitou et notes manuscrites de M. Benjamin Fillon;

8° Cartulaires du Bas-Poitou, publiés par M. Paul Marchegay;

9° *Preuves de l'Histoire de Bretagne* de Dom Morice;

10° *Chronique manuscrite de Notre-Dame de Fontenay* par M. l'abbé Aillery, déposée dans les archives de cette église;

11° *Histoire généalogique de la maison de France* par le père Anselme;

12° *Histoire de la Maison de Chasteigner* par André Duchesne;

13° Généalogies des Pairs de France par M. de Courcelles;

14° *Dictionnaires des Familles de l'ancien Poitou* par Beauchet-Filleau et Ch. de Chergé.

15° *Mémoire concernant l'état du Poitou dressé par Ch. Colbert de Croissy, en l'année 1666*, conservé à la bibliothèque impériale et publié par Ch. Dugast-Matifeux ;

16° *Chronique du Langon* par Antoine Bernard, publiée par M. de la Fontenelle ;

17° *La Fronde en Poitou* par M. de la Fontenelle ;

18° *Philippe de Commynes en Poitou* par le même ;

19° *Recherches sur les chroniques du Monastère de Saint-Maixent* par le même ;

20° *Revue des Provinces de l'Ouest*, publiée à Nantes par M. Armand Guéraud ;

21° *Notice sur Saint-Cyr-en-Talmondais* par M. Benjamin Fillon ;

22° *Notice sur Jacques du Fouilloux* par M. Pressac, conservateur-adjoint de la bibliothèque publique de Poitiers ;

23° *Histoire des deux Restaurations* par M. de Vaulabelle ;

24° *Histoire de la Vendée militaire* par M. Cretineau-Joly.

FIN.

# TABLE DES MATIÈRES

FIN DE LA TABLE.

Imprimerie de Robuchon, à Fontenay-le-Comte. — 1857.

www.ingramcontent.com/pod-product-compliance
Lightning Source LLC
Chambersburg PA
CBHW072150270326
41931CB00010B/1945